はじめてのクリシュナムルティ

入門者のためのアンソロジー

J・クリシュナムルティ〔著〕
吉田利子＋正田大観〔共訳〕

KRISHNAMURTI
FOR BEGINNERS
AN ANTHOLOGY

コスモス・ライブラリー

序言

クリシュナムルティを紹介する最高の道はクリシュナムルティ自身――その著書、ビデオ、音声記録――であり、解説者や評論家ではない。この考えのもとに、本書は作られている。

書名が示すとおり、『はじめてのクリシュナムルティ――入門者のためのアンソロジー』は、まだ彼の教えを知らないひとたちを対象にしている。誰もがぶつかる日々の暮らしの問題、そのような問題へのクリシュナムルティ独自の取り組み、そして生と聖なるものの時間を超えた彼のビジョン、それが、このアンソロジーの選択基準となっている。しかし、本書のようなアンソロジーはどんなものであれ、クリシュナムルティが六十年余にわたって世界に伝えてきた教えの深さと広がりをとらえきれるものではない。

本書は、クリシュナムルティがメッセージを発信するために用いた、さまざまなジャンル――講話、質疑応答、著書、インタビュー、日記、口述筆記、書簡、対話、議論――をもとに構成されており、期間は一九四八年から一九八三年までである。

序文では、世界教師としてのクリシュナムルティの並外れた人生と使命をおおまかに紹介した。

Krishnamurti Foundation Trust Ltd.,
Brockwood Park, Bramdean, Hampshire
SO24 0LQ, England.
E-mail: info@kfoundation.org Website: www.kfoundation.org
And
Krishnamurti Foundation of America
P.O. Box 1560, Ojai, California 93024 USA
E-mail: info@kfa.org. Website: www.kfa.org

For further information about J. Krishnamurti please visit:
www.jkrishnamurti.org

目次

Ⅱ　質疑応答　……　107

序文

二〇世紀の大半にわたるクリシュナムルティの人生と教えは、宗教哲学の歴史のなかできわめて独創的な、そして、たぶん最も長い章をなすものであろう。少年のころから伝説的な人物で、救世主、世界教師、ブッダ、キリストなど、さまざまに称えられてきたクリシュナムルティは、賢者であり、哲学者、講演者、執筆者、詩人、教育者だった——そして、六十年以上ものあいだ世界をめぐって聞く耳をもつ人々にそれぞれが自分自身の光となる必要を説いた、一人の孤独な旅人だったのである。

ジッドゥ・クリシュナムルティは一八九五年五月十一日に、南インドのアンドラ・プラデシュにある地方都市マダナパールで生まれた。父のジッドゥ・ナリアニアと母のサンジーヴァンマはテルグ語を話す伝統的な中産階級で、神智学の熱心な信奉者でもあった。クリシュナムルティが十歳のころに母が亡くなり、その後まもなく、父はアディヤールの神智学協会に職を得て、家族を連れてマドラスに移り住んだ。

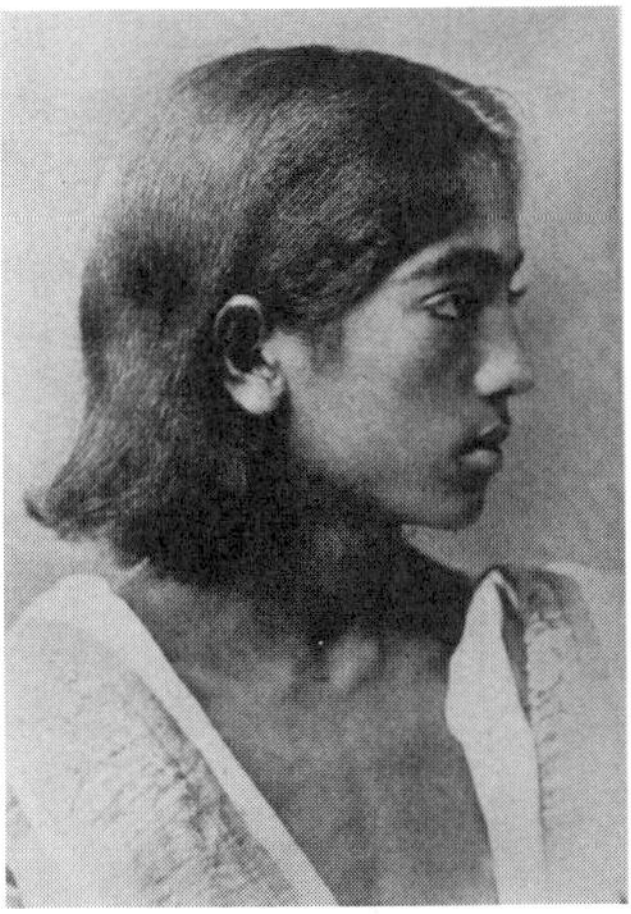

神智学協会の基本的教義の一つは、世界が危機に瀕したときには必ずロード・マイトレーヤ（弥勒仏）が現われる、というものだった。そして、過去のさまざまな時代と同じく、人間のかたちで出現し、人類を差し迫った破滅から救うというのである。一九〇九年、協会の著名な指導者で透視能力者でもあったC・W・リードビーターが、アディヤールの浜辺で十四歳のクリシュナムルティと出会い、この少年が微塵も利己心のないきわめて輝かしいオーラをもっているのを見た。リードビーターは、この少年が神智学協会の会員たちが待ち望んできた未来の救世主、あるいはロード・マイトレーヤの乗り物となるだろうと主張した。この言葉は多くの人々を驚かせた。少年は病弱で、知的に遅れているように見えたからである。

しかし、リードビーターの予言は、神智学協会の会長であるアニー・ベサント夫人の全面的な賛同を得た。一九一一年、彼らは、世界教師の到来を信じる人々のために、クリシュナムルティを長とする「東方の星の教団」という世界的な組織を設立した。さらに、アニー・ベサントは少年を引き取り、イギリスで教育を受けさせようとしたが、彼は一度も試験に合格しなかった。一九二二年、二十七歳のクリシュナムルティは、カリフォルニア州のオーハイ渓谷に滞在しているとき、神秘的で霊的な体験をして、激しい痛みと意識の喪失に襲われた。のちに彼自身が書いているところによれば、これは超自然的な出来事で、そのために人生が完全に変わったという。「わたしはすべての悲しみと苦しみを癒す慈愛に触れました。それは、わたし自身にではなく、世界に向かう慈愛です……わたしは神に陶酔しました」。この体験を、彼はのちに「プロセス」と呼ぶようになるが、それは、著書のいくつかの説明によると、「祝福（benediction）」「他性（otherness）」「聖性（sacredness）」などを伴うもので、その後の彼の人生を通じて、さまざまな仕方で繰り返されることになる。

その間、「東方の星の教団」は莫大な富と資産、そして来たる救世主の使徒になろうという何千人もの会員を全世界にもつ巨大な組織に発展していった。オランダのある男爵は五千エーカーの森林が付属するエルダー城をクリシュナムルティの住まいとして提供し、ここは星の教団の本部になった。しかし、クリシュナムルティは自分を取り巻くあらゆる豊かさや賛辞にいっさい影響されずにいた。母とも思うアニー・ベサントへの深い忠誠心にもかかわらず、彼は内心、周囲の宗教的な組織やそこでの自分の役割に反感を抱いており、募っていく不満は多くの革命的な発言にはけ口を見出したのだった。

決定的な訣別は一九二九年八月三日、アニー・ベサントと三千人の教団会員の目の前で訪れた。クリシュナムルティは星の教団を解散し、彼の使命のために提供されたすべての富や資産を寄付者に返却した。彼はこの歴史的なスピーチで、真理とは道なき地であり、自分の関心は新しい宗教を見つけることではなく、ひとを無条件に自由にすることだ、と宣言した（全文は一三ページ参照）。これは、彼自身の

人生にとっても、また教えを伝えるという面でも、きわめて重大な転機だった。何十年かのち、教えの真髄について語ってほしいと言われて、彼はまず、このときの画期的な宣言に言及している（全文は二五ページ参照）。

その後、神智学協会だけでなく、すべての組織宗教から離れたクリシュナムルティは、自らあれほど明らかに宣言し、その後一度もぶれることがなかった孤独な使命に乗り出した。それは、彼がいる場所、訪れる場所がどこであれ、遂行されると思われる使命で、その熱意は時間や場所によって薄れることはなく、それどころか、彼が歳をとるにつれて、ますます新たなエネルギーと勢いを得ていった。晩年、彼は、自分が講話をやめるときには身体が死ぬだろう、と述べた。彼の身体には、たった一つの目的しかなかった——教えを伝えることである。彼が世を去ったのはオーハイで、マドラスで最後の講話を行なってから六週間後、享年九十一歳だった。

クリシュナムルティは、最後まできわめて多忙なスケジュールをこなし、大陸から大陸へ、街から街

へと旅して講演を行ない、インタビューを受け、議論し、執筆し、あるいは重い悲しみを抱えてやってきた男女たちを迎えて何も語らず、ただともにいた。彼の教えの源泉は書籍から学んだものではなく、人生に対する彼自身の洞察だったから、伝えることは常に新鮮で即時性があった。私的な会話にあっては親切な教師であり、助言を求めるひとたちに注意深く耳を傾け、自分自身以外を頼りにしないようにと促した。また、じつにさまざまな人々と対話した。ヴェーダーンタ学者、仏教者、神学者、哲学者、科学者、心理学者、政治家、社会改革運動家、環境保護運動家、作家、芸術家、軍人、実業家、映画スター、主婦、教師、親、子供、億万長者、托鉢修行者――あげればほとんどきりがない。大勢の聴衆を相手に講演を行なうときでさえ、聞き手は、彼が自分の問題について自分個人に話しかけていると感じた。イギリスの著名な作家オルダス・ハクスリーは、クリシュナムルティの講話を聞いたあと、こう語っている。「……これまで聞いたなかで最も印象的だった。まるで、ブッダの法話を聞いているようだった――それほどの力が、それほどに本質的な威信があった」。

人々の富も崇拝も受け入れず、グル（導師）の役割を拒否したクリシュナムルティは、彼の話を聞く者はただ彼を自分自身の姿を明らかに映し出す鏡とすればよろしい、そうす

れば自分自身の気づきによって条件づけから解放されるだろう、と主張した。彼自身や彼の理解の「秘密」を問う者には、いつも質問を投げ返したものだった。ある講話の際に、「あなたは誰ですか?」と問われて、いかにも彼らしい返事をしている。「それは重要な質問ですか? あるいは、質問者は『あなたは誰ですか?』ではなく、『わたしは誰ですか?』と問うべきだったのではありませんか。あなたは誰なのか――あなたとは誰なのか――を発見することのほうがはるかに重要であり、あなたが誰なのかを見出すためには、あなたが探究しなければならないのです」。彼はそのビジョンをさまざまな機会に、さまざまな言葉で繰り返した――彼、教師は重要ではなく、彼が創設した団体も重要ではなく、彼の著書や講話のテープでさえも重要ではない。教えの言葉に頼って生きるのではなく、教えを生きること、講話に集まり、著書を読み、団体に参加する数千の人々に彼が期待するのはただそれだけだ、と。

クリシュナムルティは、同時代の問題を取り上げただけ

ではなかった。その先見的なビジョンは、時代をはるかに先取りした出来事についても警告していた。二つの世界大戦と核による大虐殺につながった国家主義《ナショナリズム》、政治的イデオロギーが解き放つ暴力、残忍な地球破壊、増大する宗教的原理主義、知識の爆発、知性の過剰な発展、人間の快楽追求の道を可能にするコンピュータとロボット、遺伝子工学の脅威、教育の失敗、はびこる消費重視、倫理的価値観の崩壊――これらすべてやさらに多くのことが彼の関心の的だった。

しかし、クリシュナムルティが強調したのは社会改革でも善行でもなく、人類がはるか昔から行なってきた自己探究と自己知を通じた真理の追求だった。彼はいくつかの文脈において、「思考は人類のいかなる問題も解決することはできない。なぜなら、思考それ自身が問題だからである」という自らの中心的な認識を繰り返し語っている。人間がこれまで成し遂げてきたすべては、ただ破壊と惨事につながっただけであり、したがって、既知の解決策に基づかない、まったく異なる行動が必要とされている、と。学生たちを相手にした講話の一つで、彼はこの点を余すところなく明確にし

ている。人間の仕事とは何かと問われて、彼は言う。「たしかに、人間の真の仕事とは、真理を、神を発見することです。それは愛することであり、自分を中心とする活動に囚われることではありません。何が真実かを発見する、まさにそこに愛があり、人間と人間の関係におけるその愛が異なる文明を、新しい世界を創造することでしょう」。

クリシュナムルティの個人的な魅力、沈黙が放つ存在感、そして発言の明晰さとリズムは、聴衆を魅了する。だが、彼が提起する課題はいつも、あらゆる分野の人間の企てに厳しく向けられていたし、それらとの取り組みだった。「広島に原子爆弾を落としたひとたちは、神は自分たちとともにあると言いました。イギリスから飛び立ってドイツを破壊したひとたちは、神が自分たちの副操縦士だと言いました」。神を信じるか、と問われて、彼はそう述べている。国連での講演の際には、諸国家は決して連帯できないし、組織は決して地球上に平和をもたらし得ない、と断言している。科学者たちには、コンピュータと娯楽産業に支配されたとき、人間の脳には何が起こるのだろう、と問いかけている。親や教師たちには、残酷さには多くのかたちがあり、「その究極の表現は試験だ」と語っている。子供たちには、競争と成功への欲望はきみたちを無神経に、凡庸に

するだろう、と教えている。夫を亡くした若い女性には、あなたが泣いているのは夫への愛ゆえではなく、自己憐憫からではないかと示唆する。知識人たちには、知識は人類の敵だと語る。そして、自分はあなたがたを助ける気などさらさらないし、自分の講話を聞き著書を読むだけなら何の価値もない、と宣言して、聴衆の最後の支えを奪い取る。その教えはじつに厳しい。

彼の哲学の教育的な面は、インド、イギリス、そしてアメリカに設立した学校にもっともよく現われていた。彼は述べている。「学校はひとが学ぶところです……人間の企て全体を見つめ、美を探し求め、真理を探し求め、葛藤のない生き方を探し求める……古い昔から、ひとは物質世界を超えた何かを、測り得ない何か、聖なる何かを探し求めてきました。その可能性を探究することが、この学校の意図するところです」。毎年、これらの学校を訪問して行なわれた子供たちとの対話は、世界の教育界へのユニークで目新しい貢献となっている。

晩年の十年間、クリシュナムルティは近しい友人たちに、成人のための教育センター設立の必要性について強く語っていた。彼は、仕事や家庭責任のプレッシャーのゆえに教えを充分に受け止めることが困難な多くの人々がいると感じ、そんなひとたちが日常生活から解き放たれて、人生を見つめ直すことができる場所を望んだのだった。現在、マドラスやインドの学校のすべて、イギリスのブロックウッド・パーク、アメリカのオーハイに、クリシュナムルティ財団が運営する学習センターがあり、リトリートが実施されている。

クリシュナムルティは自分の教えについて何度か述べているが、そこには、彼が教えのすべてに超然としていて、個人的にこだわっていないことがよく表われている。「この教えは人類の存在全体を対象にしています……わたしはそれをすばらしいと思っています。自分が語ったからではなく、それがとてつもなく生命を与える力をもっているからです」。彼は、後世に聖なる宝物を、おびただしい金の鉱山を、尽きることのない泉を残すのだ、と言った。だが、それは常に、教えであって、「わたしの」教えではなかった。

クリシュナムルティの生涯に、彼の旅行や講演の手配をし、後世のために彼の仕事を残し、著書やテープを公表するため、インド、イギリス、アメリカ、ラテンアメリカで、四つのクリシュナムルティ財団ができた。現在、彼の仕事は、五十か国語近い言葉で読み聞きすることが可能である。財団はまた、学校や学習センターを運営し、土地の管理を行なっている。しかし、彼は常に、これらの組織は純粋に管理運営が目的であって、使命をもった団体ではなく、教えを宣伝したり解釈したりする権威を与えられたものではない、と主張していた。

　これらのすべて、そしてさらに多くは、クリシュナムルティの物質的な遺産である。その生きた遺産は、彼が広大な智慧と限りない慈しみによってそれぞれの人生に触れ、変容を起こした全世界の無数の人々の精神や心に存在している。晩年、その教えを要約してくれないかと問われたクリシュナムルティは、簡潔に力強く答えている。「あなたが存在するところに、他なるもの（the other）は存在しません」と。他なるものとは、彼の教えと彼の生に充満し行きわたっていた聖なるものを、その感覚を指すために彼が使っていた多くの言葉の一つである。

真理は道なき地である

（一九二九年八月三日にクリシュナムルティが「星の教団」を解散したときの講話全文）

今朝、わたしたちは「星の教団」の解散について話し合おうとしています。喜ぶひとたちは多いでしょうが、むしろ悲しむひとたちもいるでしょう。これは喜ぶか悲しむかという問題ではありません。なぜなら、それは不可避だからです。それについて、これから説明いたします。

みなさんは悪魔とその友人の話を覚えていらっしゃるかもしれません。彼らが道を歩いていると、一人の男が屈んで地面から何かを拾い上げ、見つめ、ポケットに入れました。友人は悪魔に言いました。「あの男は、何を拾ったんだろう?」と。悪魔は言いました。「真理のかけらを拾ったのだよ」と。「そりゃ、きみにとって非常にまずいことになるな」と友人は言います。「いや、ぜんぜん」と悪魔は答えました。「わたしは、彼にそれを組織化させてやるさ」。

わたしは、「真理は道なき地であり、みなさんはどんな道をたどろうとも、どんな宗教によっても、どんな党派によっても、そこにはたどりつけない」と言ってきました。それがわたしの見解であり、わたしは絶対的かつ無条件に、この見解を維持しています。真理は限りなく、無条件で、どんな道を通っても到達できず、組織化できません。そして、人々を特定の道に導き、あるいは強いるどんな組織も、作り上げるべきではないのです。そのことをまずご理解いただけるなら、信念を組織することがいかに不可能であるかがおわかりになるでしょう。信念とは、純粋に個々の問題であり、それを組織することはできないし、してはいけないのです。そのようなことをすれば、それは死んで、結晶化します。それは信条に、党派に、宗教になり、他者に押しつけられます。

それが、全世界の誰もが試みていることです。真理は狭まり、弱い者たちの、一時的に不満を抱いているだけの者たちの、玩具になります。真理は下げ渡されることは不可能で、個人個人がそこに登るために努力する必要があります。山の頂上を谷間に下ろすことはできないのです。山の頂上に登ろうと思えば、谷間を通り、危険な崖を恐れずに急坂を登らなければなりません。みなさんは真理に向かって登らなければならないのであって、「降ろしてしまうこと」や自分のために組織化することはできません。考え方に対する関心は主に組織によって維持されますが、しかし、組織は外から関心を目覚めさせるだけです。真理への愛そのものから生まれたのではなく、組織によって喚起された関心は無価値です。組織は枠組みとなり、そこにメンバーは都合よくはまり込むことができます。そのひとたちはもう、真理あるいは山の頂上を希求することはなく、それよりも自分がはまり込んだ都合のいい穴に自分を合わせたり、あるいは、組織に身を委ねて、組織が自分たちを真理に導いてくれるだろうと思い込みます。

ですから、わたしから見て、なぜ「星の教団」が解散されるべきかという第一の理由が、そこにあります。とはいえ、みなさんは多分、ほかの教団を結成するでしょうし、真理を求めるほかの組織に所属し続けるでしょう。わたしはどんな霊的な組織にも所属したくはありません。どうか、そこのところをご理解ください。たとえば、わたしはロンドンに連れていってくれる組織を利用するでしょう。これはまったく違った単なる機械的な組織で、ポストや電報と同じものです。また、旅行するときには自動車や蒸気船を使うでしょう。これらはただの物理的なメカニズムであって、霊性《スピリチュアリティ》とはまったく関係ありません。繰り返しますが、どんな組織もひとを霊性に導くことはあり得ないと、わたしは考えているのです。

そういう目的のための組織が作られるなら、それは、松葉杖に、弱点に、拘束になって、必ず個人を不自由の身にするでしょうし、成長を妨げ、その独自性を確立することを阻むでしょう。独自性とは、絶対的で無条件の真理を自分自身で発見するところにあるのですから。それが、わたしがたまたま長である「教団」の解散を決めた、もう一つの理由です。誰かがそう決断するようにわたしを説得したわけではありません。

これは、べつに輝かしい行為ではないのです。なぜなら、わたしは本心から追従者を欲してはいません。誰かに追従したとたん、みなさんは真理に従うことをやめてしまいます。みなさんがわたしの言葉に注意を向けるかどうか、それは、わたしにはどうでもいいことです。わたしにはこの世界でしたいことがあり、揺らぎない集中力でそれを実行しようとしています。わたしに関心があるのは、唯一の本質的なこと、ひとを自由にすることです。ひとをすべての檻《おり》から、すべての恐怖から解放したいと願っているのであって、宗教や新しい党派を結成することも、新しい理論や新しい哲学を確立することも望んでいません。こう言うと、みなさんは当然、「それではなぜ、世界を旅して講演を続けるのか」とお尋ねになるでしょう。どうして、そうするのかをお話しましょう。それは、追従されたいからでも、特別の弟子たちによる特別の集団を望んでいるからでもありません（ひとは仲間の者たちと違っていることが、どれほど好きなのでしょう！　それが、どれほど馬鹿げた、こっけいきわまりない些細な違いであっても、です。わたしはそのような馬鹿馬鹿しさを促す気はありません）。わたしには、世間にも、あるいは霊的な領域においても、弟子はなく、伝道者たちもいっさいおりません。

さらに、わたしを惹きつけているのは、お金の魅力でも、快適な暮らしをしたいという欲求でもありません。快適な暮らしがしたいなら、わたしはキャンプを訪れたり、じめじめした国で暮らしたりはしないでしょう！　そこのところは、いっさい疑問のないようにはっきりさせたいので、率直にお話しています。こんな子供じみた議論を、来る年も来る年も続けたくはないのです。

インタビューに訪れたある新聞記者は、この行為を、何千人もの会員がいる組織を解散することを、たいそうなことと思ったようです。彼にとってはとてつもない行為だったのです。なぜなら、彼はこう言いました。「そのあと、あなたは何をして、どうやって暮らすのですか？　もうあなたには追従者はいないし、人々はあなたの言葉に耳を傾けないでしょう」と。耳を傾けるひとが――生きて、永遠なるものに顔を向けているひとが――五人もいれば、それで充分でしょう。理解していないひとたちが――偏見に凝り固まったままで新しいことを望まず、それどころか、新しいことを不毛で停滞した自己に合わせて翻訳しようとするようなひとたちが――何千人いるとして、それが何の役に立つのでしょう？　どうか、誤解しないでください。わたしの言葉が激しいとすれば、それは慈しみがないからではありません。外科医の手術を受ける場合には、たとえ痛みを覚えさせることになっても手術をするのが、医師の親切というものでしょう。同じく、わたしが歯に衣着せず率直に語るのは、ほんとうの愛情がないからではなく、その逆なのです。

先ほども言ったとおり、わたしには、ただ一つの目的しかありません。ひとを自由にすること、自由に向けてひとを駆り立て、あらゆる限定から解き放つ助けをすることです。それだけが、永遠の幸せを与えてくれ、自己についての無条件の自覚を与えてくれるはずだからです。

わたしは自由で、無条件で、全的であり――部分的でも相対的でもなく、永遠である全的な真理であり――だからこそ、わたしを理解しようとするひとたちに、自由であってほしい、わたしに従わないでほしい、わたしを宗教や宗派となる檻にしないでほしい、と願うのです。むしろ、彼らはあらゆる恐怖から自由であるべきなのです――宗教の恐怖、救済の恐怖、霊性の恐怖、愛の恐怖、死の恐怖、生それ自身の恐怖から。画家が描くことに喜びを感じ、それが彼の自己表現であり、栄光であり、幸せだから描くように、そのように、わたしは行動するのであって、誰かに何かを欲するためではありません。

みなさんは権威に、あるいは権威の雰囲気に慣れていて、それが霊性に導いてくれるだろうと考えています。誰かがとてつもない力――奇跡――によって、みなさんを幸福という永遠の自由の領域に運んでくれると考え、それを願っています。みなさんの人生観全体が、その権威を基盤としているのです。

みなさんはこれまで三年間、わたしの話を聞いてきましたが、ほんのわずかな例外を除いて、何も起こりませんでした。今度は、わたしが言っていることを分析し、批判して、徹底的に、根本的に理解してください。霊性に導いてくれる権威を探し求めているとき、みなさんは自動的に、その権威を取り巻く組織を設立することになります。その組織が霊性に導く手助けをしてくれると思って組織を創設する、まさに、そのことによって、みなさんは檻に閉じ込められるのです。

わたしが率直にお話ししているとすれば（どうか、わたしが率直であることを思い出してください）、それは、辛辣さからでも残酷さからでもなく、自分の目的に熱狂しているからでもなく、みなさんにわたしが言うことを理解していただきたいからです。それが、わたしがここにいる理由です。もし、わたしが、明確に、決定的に、わたしの見解を説明しないのであれば、それは、時間の無駄というものです。

みなさんは、十八年間、このイベントのために、「世界教師の到来」のために準備してきました。十八年間、組織を運営しながら、心《ハート》と精神《マインド》に新しい喜びを与えてくれるはずの誰か、みなさんの人生全体を変容させてくれる、新しい理解を与えてくれる誰かを、みなさんを人生の新しい地平に引き上げてくれるであろう誰か、新しい励ましを与えてみなさんを自由にしてくれる誰かを探し求めてきました――そしていま、どうなっているでしょうか！　検討してください。ご自分で考えてください。そして、その信念がどんなふうにみなさんを変えたかを発見してください――バッジをつけているというような、些細な馬鹿馬鹿しい表面的な変化ではありません。そのような信念は、人生にとって本質的でないすべてのものを、どんなふうに一掃してくれましたか？　それだけが判断基準です。みなさんはどんなふうに、より自由になり、より偉大になり、偽りや本質的でないものに基づいているすべての社会にとって、より危険な存在になりましたか？　この「星の教団」という組織の会員は、どんなふうに変化しましたか？

さきほども言ったように、みなさんは、わたしのために十八年間、準備してきました。みなさんがわたしを世界教師であると信じようが信じまいが、わたしにはどうでもいいことです。それはべつに重要ではありません。「星の教団」という組織に属しているから、みなさんは共感し、エネルギーを費やしてきて、クリシュナムルティは世界教師であると——部分的に、あるいは全体的に——認めています。ほんとうに求めているひとは全体的に、自分自身の半分の真理に満足しているひとはただ部分的に。

十八年間、みなさんは準備してきました。では、みなさんの理解の道に、どれほど多くの困難があるか、どれほど多くの混乱が、どれほど多くの取るに足りない事柄があるか、見てください。みなさんの偏見、恐怖、権威、新旧の教会——そのすべてが理解の障害になる、とわたしは言っているのです。これ以上に、わたしの思いを明確にすることはできません。みなさんに同意していただきたいとも、追従していただきたいとも思っていません。わたしが言っていることを理解していただきたいのです。

その理解が必要なのは、みなさんの信念はみなさんを変容させず、それどころか、紛糾をもたらしただけだったからです。さらに言えば、みなさんがあるがままの事態に直面しようとしないからです。みなさんは自分自身の神々を——古い神々の代わりに新しい神々を、古い宗教の代わりに新しい宗教を、古い形式の代わりに新しい形式を——欲しています。すべてが同じように無価値で、すべてが障害で、すべてが限定で、すべてが松葉杖です。みなさんは古い霊的な区別の代わりに新しい霊的な区別を、古い崇拝の代わりに新しい崇拝を求めます。みなさんはすべて、自らの霊性を誰かに頼り、自らの幸せを誰かに、自らの悟りを誰かに頼っています。みなさんは、十八年間、わたしのために準備してきましたが、わたしが「そのすべては不必要だ。悟りのため、栄光のため、純化のため、そして自己の不朽性のためには、そのすべてを捨てて自らの内側を見つめるべきだ」と言うとき、誰もそうしようとはしないのです。そうしようとするのは、おそらくほんのわずか、ごくごくわずかでしょう。

では、なぜ、組織がいるのでしょう?

わたしに追従する人々、真理の体現者に追従する虚偽的で偽善的な人々が、どうして、必要なのでしょう? どうか、思い出していただきたいのですが、わたしは厳しい、あるいは不親切なことを言っているのではありません。しかし、わたしたちはあるがままのものごとに直面しなければならない状況に至っているのです。昨年、わたしは「妥協はしない」と言いました。そのとき、ほとんどのひとが聞く耳をもちませんでした。今年、わたしはこれ以上ないほど、このことを明確にしました。十八年間、全世界でどれほどのひとたちが——教団のメンバーが——わたしのために準備してきたのか、わたしは知りませんが、いまなお、彼らはわたしの言うことに、無条件に、全体的に、耳を傾けようとしないのです。

では、なぜ、組織がいるのでしょう?

さっきも言ったとおり、わたしの目的は、ひとを無条件に自由にすることです。なぜなら、唯一の霊性とは自己の不朽性であり、それは永遠で、理性と愛の調和であると思っているからです。それは絶対的で無条件の真理であり、それこそが生命そのものです。だから、わたしはひとを自由にしたい。荷を負わず、自立し、自由に浸り、澄んだ空の小鳥のように喜びに満ちて、自由であってほしいのです。そこで、みなさんが十八年間の準備をして迎えた当人として、わたしはいま、みなさんは自由でなければならない、自らの複雑さ、もつれから、それらのすべてから自由でなければならない、と言います。そのためには、霊的な信念に基づく組織は必要ではありません。なぜ、この世界のなかで理解し、奮闘し、つまらない些細なことをすべて捨て去った、五人か十人のために組織を作る必要があるのでしょう？　それに、弱い人々のための組織も、彼らが真理を発見するのを助ける組織もあり得ません。なぜなら、真理は万人のなかにあるのですから。それは、遠くにもなく近くにもありません。永遠にそこにあるのです。

組織がみなさんを自由にすることはあり得ません。誰も外からみなさんを自由にすることはできないのです。組織された礼拝も、大義のために自己を生贄《いけにえ》にすることも、みなさんを自由にはしません。自分たちを組織化することも、活動に没頭することも、みなさんを自由にはしないのです。みなさんは手紙を書くためにタイプライターを使いますが、それを祭壇に載せて礼拝はしませんね。けれども、組織が主な関心事になっているとき、みなさんはそれと同じことをしているのです。「会員は何人いるのですか？」。それが、すべての新聞記者がわたしにする最初の質問です。「あなたには、どれだけの信者がいるのですか？　その数字をもとに、わたしたちは、あなたが言うことが真実か偽りかを判断します」。会員が何人いるのか、わたしは知りません。そんなことに関心はありません。前にも言ったとおり、自由になったひとが一人でもいれば、それで充分です。

それに、みなさんは、「幸福の王国」への鍵は一部のひとだけがもっている、とお考えです。誰もそんなものはもっていません。その鍵をもつ権威のある者は誰もいないのです。その鍵とは、みなさん自身であり、自分自身の成長と純化、それに自己の不朽性だけが「永遠の王国」なのです。

ですから、外部からの助けを求め、自らの心地よさと幸福、強さを他者に頼って、みなさんが作り上げた機構全体がどれほど馬鹿馬鹿しいものか、おわかりでしょう。それらはみな、みなさん自身のなかにだけ見出され得るのです。

では、なぜ組織がいるのでしょう?

みなさんは、どれだけ進歩したか、自分の霊的な地位はどれほどかを、ひとに言われるのに慣れています。なんと子供っぽいことでしょうか！　みなさんの内面が美しいか醜いか、みなさん以外の誰にわかるのですか?　みなさんが不朽であるかどうか、みなさん以外の誰に言えるのですか?　みなさんはこうした事柄について真摯ではありません。

では、なぜ組織がいるのでしょう?

組織などなくても、ほんとうに理解したいと願っているひとたち、始まりもなく終わりもない永遠なるものを発見しようとしているひとたちは、もっと熱心になってともに歩くでしょうし、本質的でないすべてのものにとって——現実でないもの、影たちにとって——危険な存在となるでしょう。そして、そのひとたちは集中するでしょうし、炎となるでしょう。なぜなら、そのひとたちは理解するからです。わたしたちはそのような集まりを創造するべきであり、それがわたしの目的です。なぜなら、その真の理解のゆえに、真の友情が存在するからです。その真の友情——それをみなさんはご存じないようですが——のゆえに、それぞれの側からの真の協力があるはずだからです。そして、それは権威のゆえでも、救済のゆえでも、大義のための生贄のゆえでもなく、みなさんがほんとうに理解したから、それで永遠に生きることが可能になるからなのです。それこそが、あらゆる快楽、あらゆる犠牲よりも偉大なことなのです。

さて、これが二年にわたる慎重な考慮の結果、わたしが今回の決断をした理由のいくつかです。一時の衝動的な決断ではありません。誰かに説得されたのでもありません。このようなことについて、わたしは説得されません。二年間、わたしはゆっくりと、慎重に、辛抱強く考えてきました。そしていま、教団の長として、「教団」を解散する決意をしました。みなさんは別の誰かに期待し、別の組織を結成することもできます。それについて、わたしは関心がありませんし、新しい檻や新しい檻のための新しい飾り作りにも関心はありません。わたしの唯一の関心は、ひとを絶対的かつ無条件に自由にすることです。

教えの真髄

（この教えの要約は、一九八三年に出版されたメアリー・ルティエンスによるクリシュナムルティの伝記 *The Years of Fulfilment*（邦訳『クリシュナムルティ・実践の時代』めるくまーる社）のために、一九八〇年十月二十一日にクリシュナムルティ自身によって書かれた。のちにこれを読み直したクリシュナムルティは数行を付け加えており、それもここには含まれている）。

クリシュナムルティの教えの真髄は、一九二九年の彼の言葉のなかに含まれている。このとき、彼は「真理は道なき地である（Truth is a pathless land）」と言った。ひとはそこに、どんな組織を通じても、信条、教義、聖職者を通じても、あるいは儀式を通じても、また、いかなる哲学的知識や心理学的技術を通じても到達できない。ひとは関係性という鏡を通じて、彼自身の精神の中身の理解を通じて、それを見出さねばならず、知的分析や内省的な精査を通じてではなく、観察を通じて見出さねばならない。ひとは自分自身のなかに安全柵としての――宗教的、政治的、個人的な――イメージを作り上げている。これらはシンボル、理想、信条として現われる。これらのイメージの重みがひとの思考を、関係性を、日常生活を支配している。これらのイメージはわたしたちの問題の原因である。ひととひととを分断するからだ。ひとの人生観は、すでに精神のなかに確立された概念によって形作られる。意識の中身が彼の全存在なのだ。この中身はすべての人類に共通している。個（individuality）とは、名前であり、かたちであり、そして、伝統や環境から取り入れている表面的な文化である。ひとの独自性は、表面的なもののなかではなく、彼の意識の中身からの完全な自由のなかにある。これは、全人類に共通している。だから、彼は個人（individual）ではない。

自由とは反応ではない。自由は選択ではない。ひとは選択肢があるから自由だという振りをしている。自由とは、方向がなく、賞罰の恐怖もない、純粋な観察である。自由には動機はない。自由はひとの進化の終点にあるのではなく、その存在の第一歩にある。観察するなかで、ひとは自由の欠落に気づき始める。自由は、わたしたちの日々の存在と活動に関する無選択の気づき（choiceless awareness）のなかに見出される。思考は時間である。思考は経験と知識から生まれ、時間と、そして過去と不可分である。時間は人間の心理学的な敵である。わたしたちの行動は知識に、したがって時間に基づいており、それゆえに、ひとは常に過去の奴隷である。思考は常に限られており、そして、それゆえに、わたしたちは絶え間ない葛藤と苦闘のなかで生きている。心理的な進化などというものはない。ひとが自らの思考の運動に気づき始めると、思考者と思考の、観察者と観察対象の、経験者と経験の分断が見えてくるだろう。そして、この分断が幻想であることを発見するだろう。そのときはじめて、純粋な観察が、過去や時間の影をともなわない洞察が存在する。この時間のない洞察は、精神に深い根源的な変容をもたらす。

全的な否定は、肯定の核心である（Total negation is the essence of the positive)。思考が心理的にもたらすものごとのすべてが否定されるとき、そのときにだけ、愛が、慈悲と英知としての愛がある。

I 講話

1. 思考は恐怖を生む

真剣であることはいつでもそうですが、とりわけ、こうして集まって真剣な事柄について話し合うときには、良いことであると思えます。わたしたちのそれぞれが抱えているさまざまな問題、それに世界が直面している問題には、確かな注意力、確かな質の洞察力、そして深い探究が必要なのです。この国（インド）だけでなく、世界中を観察しても、そこには混沌があり、とてつもない混乱とあらゆるかたちの人間の悲惨さがあって、それは少しも軽減するようには見えません。西洋には多大の繁栄がありますが、西洋も多くの問題を抱えていて、それも経済的、社会的レベルだけではなく、もっと深いレベルでもそうなのです。そこでは若者たちの反乱が起こっています。若者たちは伝統や権威、社会のパターンをもはや受け入れていません。

そして、わたしたちが毎年しているように、この国に来てみれば、急激な衰退、貧困、そして徹底的な人権無視、政治的ごまかし、それから、どのようなものであれ宗教的な深い探究の絶対的な停止、さまざまな集団どうしの部族的争い、また些細な事柄に関する騒ぎが目につきます。家が燃え上がり、このように混沌とした悲惨な状態のとき、些細な事柄にかまけて人生を過ごしたり、騒ぎたてたりすることは、宗教的あるいは政治的な指導者であるはずの人々の精神の状態を示唆しています。

このような事実のすべてを、外見的、組織的、経済的、社会的だけでなく、内面的にも観察するとき、あらゆる伝統の反復から離れ、受け入れられている思考パターンや無数の決まり文句から離れ、それらすべてを超えてさらに深く内面的に分け入っていくとき、ひとは、そこにもまた大きな混沌、矛盾があることを発見するでしょう。

ひとは、どうしていいかわかりません。ひとは、いつでも果てしなく探し続け、ある書籍から別の書籍へ、ある哲学から別の哲学へ、ある教師から別の教師へと赴きます。そして、わたしたちがほんとうに求めているのは、明晰さではなく、実際の精神状態の理解でもなく、自分自身から逃げ出す方法や手段を探しているのです。世界中のさまざまなかたちの宗教は、その逃げ道を提供してきました。そしてわたしたちは、都合のいい、楽しくて満足できる避難所を発見しようと試みて満足しているのです。このすべてを——人口増加、人間のまったくの非情さ、ほかのひとたちの気持ちや人生に対するまったくの無神経さ、社会的構造へのまったくの軽視を——観察するとき、ひとは、この混沌から秩序を引き出すことは可能なのだろうか、といぶかります。政治的秩序ではありません——政治は決して秩序をもたらすことはできません。それに、経済的構造も、異なるイデオロギーも、秩序をもたらすことはできません。しかし、わたしたちには秩序が必要です。多大の無秩序が、それも、外面的にも内面的にも存在していて、ひとはそのことに漠然と、不確かな思いではありつつも、なんとはなしに気づいています。ひとは問題があまりにも大きすぎることを感じています。人口は爆発的な勢いで増加し、ひとは自問します。「この混沌とした悲惨さと暴力と愚かさのなかで生きる人間として、わたしに何ができるのだろう？　わたしにできることは何なのだろう？」と。たしかに、みなさんは多少とも真剣であるなら、この問いを自らに投げかけたことがあるはずです。そして、「ひとは自ら何をすることができるのか？」というきわめて真剣な問いを自分にしたことがあれば、「社会の構造を変えて、内面的だけでなく、外面的に秩序をもたらすためにできることは、残念ながら非常に少ないのではないか」という答えが不可避なのです。

一般にひとが「わたしには何ができるか？」と問えば、必ず「できることは非常に少ない」という答えが戻ってきます。そこで、ひとは立ち止まってしまう。しかし、問題はもっともっと深い答えを要求しています。この突きつけられた課題は非常に重大で、わたしたちの一人ひとりがそれに、ある条件づけられた答えではなく、全的に応答して答えを出さなくてはならないのです――ヒンドゥー教徒としてでもなく、仏教徒としてでもなく、イスラム教徒でも、ゾロアスター教徒でも、キリスト教徒としてでもありません。これらはどれも死んでいて、過ぎ去ったもの、終わったものです。無知や迷信を利用しようとする政治家にとって以外は、もはや何の意味ももっていません。聖なる書物、哲学者たちの言葉、制裁を加え、みなさんの従属と追随を要求する、宗教的権威の言葉――これらは、世界の問題に意識的で気づいているひとにとって、あらゆる意味を失ったのです。

おわかりのように、人間は、かつて信じていたものへの信念を失いました。もう、誰にも追随しません。みなさんは、講演者に聴衆が靴や石ころを投げるときには、政治的に何が起こっているか、おわかりになるでしょう。それは、彼らがすでに指導者を見捨てていることを意味しています。もう、あれをしろ、これをしろ、と指図されたくないのです。人間は絶望しています。人間は混乱しています。多大の悲しみが存在します。そして、左であろうと右であろうと、どんなイデオロギーも、もう無意味です。すべてのイデオロギーは、とにかく馬鹿げています。「あるがまま（what is）」の実際の事実に直面するとき、何の意味ももっていません。ですから、わたしたちは、指導者の権威を無視できるだけでなく、聖職者の権威も、書物の権威も、宗教の権威も無視できます。これらすべてを全面的に無視できるし、真実とは何であるかを見出すためには無視しなければならないのです。

それに、みなさんは過去に戻ることもできません。この国ではよく、インドの遺産について、かつてのインドについて、耳にします。あのひとたちは際限なく、過去について、インドが何であったかについて、語り続けます。そして、過去の文化について語るひとたちは、たいていがろくに考えていないのです。彼らは前にあったことや書物が語ったことを繰り返せるでしょうが、それは、人々をなだめすかす都合のいい麻薬です。ですから、そのようなものはすべて無視することも、完全に掃き捨てることもできますし、そうしなければならないのです。なぜなら、わたしたちには、どれほど偉大であれ誰かが言ったことの繰り返しではなく、とてつもない注意、深い思考、探究を必要とする問題があるからです。ですから、みなさんが過去のすべてを、この多大な悲惨さをもたらし、このとてつもない残忍さと暴力をもたらした、すべてものを捨て去ったとき、そのとき、わたしたちは、「こうあるべき」ではなく、事実と、実際の「あるがまま」と、外面的にも内面的にも直面するのです。「こうあるべき」には、何の意味もありません。

おわかりでしょうが、革命は——フランス革命、ロシア革命、共産主義革命は——「こうあるべき」というイデオロギーのもとで起こされたものです。そして、何百万もの人々を殺戮したあと、彼らは人々がイデオロギーにうんざりしていることに気づきました。ですから、みなさんはもう、イデオロギーの信奉者ではなく、指導者でもありません。みなさんにはもう、あれをしろ、これをしろ、と言う誰かはいないのです。みなさんはいま、独りで、自分自身で世界と向き合っており、行動しなければなりません。ですから、みなさんの問題はとてつもなく大きく、恐ろしいのです。みなさんは人間として、独りで、誰のどんな支えもなく、問題を明晰に考え抜き、そしてどんな混乱もなしに行動して、広大な観念の砂漠のなかのオアシスにならなければなりません。オアシスが何か、ご存じですね。それは、困惑と砂しかない広大な砂漠のなかで、木立と水がある小さな牧草地です。いまの時代には、わたしたちの一人ひとりがそうならなければならないのです——オアシス、それが、わたしたちのいるところです——つまり、わたしたちの一人ひとりが自由で、明晰で、混乱なくあり、個人的な傾向や気質に従わずに、環境に強いられることもなく、行動できるように、です。

ですから、突きつけられた課題は非常に大きく、そこから逃げてしまおうとしても、答えにはなりません。それは、みなさんにひしひしと迫っています。ですから、関心をもって吟味しなければなりません。見回さなければなりません。自分が何をするかを発見しなければならないのです。それをここで、みなさんと一緒にこれから行なうわけです。話し手がみなさんに何かをしろと言うのではありません。なぜなら、彼には何の権威もないからです。これはとても大切なことですから、理解してください——あらゆる霊的《スピリチュアル》な権威はもう終わりました。それは混乱に、際限のない悲惨さに、葛藤につながったからです。権威に追随するのは、このうえなく愚かな者だけです。

ですから、わたしたちがあらゆる権威を捨てたとき、そのときにやっと調べ始め、探究し始めることが可能になります。そして、探究するためにはエネルギーが、物質的なエネルギーだけでなく、精神的なエネルギーが必要です。反復による鈍化がなく、活動的に機能する脳であるのです。エネルギーが浪費されるのは、摩擦があるときだけです。どうか、少しずつ、ついてきてください。話し手の言うことを受け入れないでください。それでは何の意味もないからです。わたしたちが関心を向けているのは自由です。特定の種類の自由ではなく、人間の全的な自由です。ですから、わたしたちにはエネルギーが――わたしたちの内部に偉大な心理的、霊的な革命を起こすためだけでなく、調べ、見つめ、行動するためのエネルギーが――必要なのです。そして、どんなものであれ摩擦があるかぎり、夫と妻のあいだに、ひととひとのあいだに、コミュニティとコミュニティのあいだに、国と国のあいだに、外面的あるいは内面的な摩擦があるかぎり、どんなかたちであれ葛藤があるかぎり、それがどれほど微妙なものであっても、エネルギーは浪費されます。そして、自由があるときには、エネルギーは頂点に達するのです。

それではこれから、その摩擦から、その葛藤から、どのように自由になるかを探究し、発見することにしましょう。みなさんとわたしとで、そこに旅をし、調査し、探究し、問いかけるのです――決して、追随するのではありませんよ。探究するには、自由でなければならないからです。そして、恐怖のあるところには、自由はいっさいありません。わたしたちは恐怖という重荷を、外面だけでなく内面的にも背負っています。失業の恐怖、空腹の恐怖、地位を失う恐怖、醜い行動をする上司への恐怖があります。内面的にもまた、大きな恐怖があります――成功していない、成功できないという恐怖、死の恐怖、孤独の恐怖、愛されないという恐怖、まったくの退屈という恐怖等々です。このような恐怖があり、この恐怖があらゆる問題への探究を阻み、そこからの自由を阻んでいます。自らの内面の深い探究を阻んでいるのは、この恐怖なのです。

そこで、最初の問題、わたしたちのほんとうに本質的な問題は、恐怖から自由であることです。みなさんは、恐怖が何をするかをご存じですか？　恐怖は精神を暗くします。精神を鈍くします。恐怖から暴力が生じます。恐怖から知らない何かに対する崇拝が生じます。ですから、みなさんは観念を、イメージを発明するのです――手で作られたイメージか、精神とさまざまな哲学で作られたイメージです。そして賢ければ賢いほど、その声と所作の権威が増し、さらに多くの無知なひとたちが追随します。ですから、最初の関心事はこういうことです。恐怖から全的に自由であることは可能なのか？　どうか、この問題をご自身に問いかけて、答えを発見してください。

今回の四つの講話のあいだにみなさんが試みるのは、混乱し、暴力がはびこる、砂漠のような世界のなかで、人間のほうで行動を起こし、わたしたちの一人ひとりがオアシスになることです。それを発見し、その明断さと正確さを実現するには、そして精神があらゆる思考のはるか先にまで到達できるようにするには、まず、あらゆる恐怖からの自由がなくてはならないのです。

さて、まず肉体的な恐怖があります。これは動物的な反応です。わたしたちは動物から非常に多くを受け継いでいるので、脳の構造の大部分は動物の遺産なのです。これは科学的事実です。理論ではなく、事実なのです。動物は暴力的で、だから人間も暴力的です。動物は貪欲です。へつらわれることが大好きで、かわいがられることが大好きで、安穏を発見したがります。人間も同じです。動物は欲張りで、競争します。人間も同じです。動物は集団生活をします。だから人間も集団で動きたがります。動物には社会構造があります。人間にもあります。このように細かいことはいくらでもあげられます。わたしたちのなかにまだ動物的な部分がたくさんあることは、これで充分におわかりでしょう。

それでは、わたしたちが動物から解放されるだけでなく、はるかその先まで進んで、育った社会や文化の条件づけを精神が乗り越えられるのかどうかを見出すことは——ただ言葉で探究するだけでなく、実際に見出すことは——可能でしょうか？　まったく異なる次元の何かを発見するため、見つけるためには、恐怖からの自由がなくてはなりません。

明らかに、自己防衛の反応は恐怖ではありません。わたしたちには——金持ちだけでなく、上流階級だけでなく、わたしたち全員に——食物、衣服、住まいが必要です。誰にでも必要なのですが、この問題は、政治家には解決できません。政治家が世界をインドのような国ごとに分断し、それぞれが別の統治国家になり、別の軍隊をもち、国家主義というあらゆる有毒なナンセンスをまといます。政治的な問題はただ一つ、それは、人類を一つにすることです。それは、みなさんが国籍に、それから、南だ、北だ、テルグ語だ、タミール語だ、グジャラート語だ、何だということにこだわっているかぎり、実現しません——すべては、あまりに子供じみています。みなさん、家が火事になっているとき、水を運んできてくれるひとについて、とやかく言うでしょうか。火をつけた男の髪の色がどうだこうだと言わず、さっさと水を運んでかけるでしょう。宗教が人々を分断してきたように、国家主義は人々を分断し、ひとと ひとを敵対させています。どうしてそんなことになったのかは、よくわかります。わたしたちみんなが、自分自身の小さな水たまりで暮らしたがるからです。

ですから、ひとは恐怖から自由にならなければならない。そして、それは最も難しいことの一つです。わたしたちのほとんどは、自分が恐れていることに気づいていません。何を恐れているかにも気づいていません。何を恐れているか知っているときも、どうしていいかわかりません。ですから、そこから逃げます。おわかりですか、みなさん？　わたしたちはあるがままのわたしたち自身から、それは恐怖なのですが、そこから逃げるのです。そして、逃げ出す先は恐怖をさらに増大させます。わたしたちは不幸にも逃避のネットワークを作り上げてきました。ですから、ひとは自分の恐怖に気づくだけでなく、作り上げてきたネットワークにも、そこを通って逃げ出してきたネットワークにも、気づかなければならないのです。

さて、恐怖はどのように生じたのでしょうか？　みなさんは何かを恐れる——死を恐れ、妻を、夫を恐れ、失業を恐れ、とても多くのことを恐れます。それでは、具体的な恐怖の一つを取り上げて、それを意識してみましょう。それがどのように生じて、それについて何ができるのか、それを完全に解決するにはどうすればいいかを検討しようというのです。そうして、みなさんと話し手とのあいだに正しい関係を築きましょう。これは、集団心理学でも集団自己分析でもなく、わたしたちがともに直面しなければならない、ある種の事実の探究です。恐怖はどのように生じるのか――明日の恐怖、失業の恐怖、死の恐怖、病気の恐怖、苦痛の恐怖は、どのように生じるのでしょう？　恐怖とは、未来あるいは過去についての思考のプロセスを意味します。わたしは明日が怖い、何かが起こるのが怖い。わたしは死が怖い。それはまだ先のことだけど、それでも怖い。さて、恐怖をもたらすものは何でしょう？　恐怖は常に何かとの関係のなかに存在します。そうでなければ、恐怖はありません。そこで、ひとは明日が怖い、前に起こったことが、あるいは、これから起こることが怖い。恐怖をもたらすものは何でしょう？　それは思考ではありませんか？　わたしは、明日、職を失うかもしれない、と考える。だから、怖い。わたしは死ぬかもしれず、死にたくはない。わたしは悲惨な、ひどい、醜い、残忍な、無情で無神経な生き方をしてきたが、それでも死にたくはない。そして、思考は未来を死として創り出し、わたしはそれを恐れるのです。

いままでの話がおわかりですか？　どうか、ただ言葉を受け入れることはやめてください。ただ言葉を聞くだけではだめなのです。そうではなく、傾聴してください。これは、みなさんの問題なのですから。みなさんの日々の問題です。みなさんが眠り続けるか、目覚めるか――恐怖とは、そういう問題なのです。みなさんはそれを、自分自身で解決しなければなりません。誰もみなさんのために解決してはくれないのです。どんな呪文《マントラ》も、どんな瞑想も、どんな神も、どんな聖職者も、どんな政府も、どんな分析家も、誰もみなさんの代わりに解決してはくれません。だから、みなさんはそれを理解し、その先へ進まなければならないのです。ですから、どうか、傾聴してください。小賢しい精神によって聞くのではありません。「話を聞いて、彼が言うことと、わたしがすでに知っていることを、あるいは、いままで言われてきたことを比較しよう」などと言わないでください——それでは、みなさんは傾聴してはいないのです。傾聴するためには、完全な注意を向けなければなりません。完全な注意を向けるとは、大切に思うことです。深い気持ちが、愛情があるときだけ、つまり、この恐怖の問題を解決したいという思いがあるときにだけ、注意があり得るのです。それを解決したとき、みなさんは人間に——朽ちていく世界のなかでオアシスを創造できる自由な人間になります。

そのように、思考が恐怖を生みます。わたしは職を失うことを、あるいは失うかもしれないことを考え、思考が恐怖を創り出します。つまり、思考は常に時間のなかに自らを投影します。思考は時間だからです。以前病気になったときのことを考え、苦痛は嫌だと思い、その苦痛が再現するかもしれないと怖くなる。わたしは苦痛を経験しました。それについて考え、それを嫌がる、そのことが恐怖を創り出します。恐怖は快楽と非常に密接に関連しています。わたしたちのほとんどは快楽に導かれています。動物と同じく、わたしたちにとって快楽は最も重要なものであり、そして、快楽は思考の一部なのです。快楽を与えてくれた何かを考えることで、その快楽は増大します。そうではありませんか？　こういうことに気づかれたことはありませんか？　みなさんは快楽を——日没の美しさを、あるいはセックスを——経験し、そして、それについて考えます。その思考が快楽を増大させます。以前の苦痛について考えることが恐怖をもたらすように。つまり、思考が快楽と恐怖を創り出すのです。そうではありませんか？　ですから、快楽を求め継続させようとするのは、思考のせいなのです。恐怖を生み、恐怖をもたらすのも、思考なのです。それはおわかりのはずです。これは実際の経験的事実です。

そこで、ひとは自問します。「快楽や苦痛について考えないことは、可能だろうか？　思考が必要なときだけ考え、そうでないときは考えない、ということは可能だろうか？」と。みなさんが事務所で働いているとき、仕事をしているとき、思考は必要です。そうでなければ何もできません。話すとき、書くとき、語るとき、オフィスに行くとき、思考は必要です。そこでは、思考は個性なしに正確に機能しなくてはいけない。そこでは、思考は個人の気質や性向に左右されてはならないのです。そこでは、思考は必要です。しかし、ほかの行動の分野で、思考は必要でしょうか？

どうか、話についてきてください。わたしたちにとって、思考は非常に重要です。それは、わたしたちがもっている唯一の道具です。思考は経験を通じ、知識を通じ、伝統を通じて累積された記憶の応答です。そして、記憶とは時間の結果で、動物からの遺産です。この背景のもとに、わたしたちは反応します。この反応が思考です。思考は、あるレベルでは不可欠です。しかし、思考がそれ自身を未来や過去として心理的に投影するとき、思考は、快楽と同時に恐怖を創り出します。このプロセスで精神は鈍くなり、したがって、不可避的に怠惰になります。みなさん、これまでお話したように、恐怖は、思考によってもたらされるのです――失業について考え、妻が誰かと駆け落ちするかもしれないと考え、死について考え、過去について考える等々によって、です。思考は過去について心理的に、自己防衛的に考えることを、あるいは未来について考えることを、やめられるでしょうか？

この質問がおわかりですか？　みなさん、精神は、そこには脳も含まれますが、恐怖を発明し、恐怖を克服することができます。恐怖を克服するとは、恐怖を抑圧し、規制し、コントロールし、何か別のものとして言い換えることです。けれども、このすべては摩擦を意味します。そうではありませんか？　恐れているとき、わたしは自分に言います。「これをコントロールしなければならない。ここから逃げなければならない。これを乗り越えなければならない」――このすべては葛藤を意味する。そうではありませんか？　その葛藤はエネルギーの浪費です。けれども、恐怖がどのように生じるかを理解していれば、それに対応できます。思考がどのように恐怖を創り出すのかがわかります。そこで、自分に問うのです。「思考を止めることは可能だろうか。そうでなければ、恐怖が続くのだから」と。そして、こう自問します。「わたしはなぜ、未来について考えるのだろう？」あるいは「わたしはなぜ、昨日苦痛だったこと、あるいは快楽だったことについて考えるのだろう？」と。

　どうか、静かに傾聴してください。思考が恐怖を創り出すことはわかりました。思考の機能の一つは忙しくすること、いつでも何かについて考え続けることです。食事について、子供たちについて、洗濯について考える主婦のようなものです――これらは彼女を忙しくさせている仕事です。その仕事を取ったら、彼女は途方に暮れ、まったく落ち着かず、孤独で惨めになるでしょう。あるいは神を崇拝し、神のことで忙しくしているひとから神を取り上げたら、まったく途方に暮れてしまうでしょう。このように思考は何かしらで忙しくしていなければならないのです。それ自身か、あるいは政治についてか、もしくはどうやって違う世界を、違うイデオロギーを実現するか等々です。精神は忙しくしていなければならないのです。そして、わたしたちのほとんどは忙しくしていることを望んでいます。そうでないと、途方に暮れてしまうのです。そうでないと、どうしていいかわからず、孤独になり、実際の自分と向き合わなければならないでしょう。おわかりですか？　ですから、みなさんは忙しくしている。思考は忙しくしている――そうすれば、みなさんは自分自身を見つめずに、実際の自分とは何なのかを見つめずにいられるのです。

わたしたちは世界を変えることに、異なる社会秩序をもたらすことに関心をもっています。わたしたちが関心をもっているのは、宗教的信念や教義、迷信、儀式ではなく、何が真の宗教か、ということです。そして、それを見出すためには、何の恐怖もあってはならないのです。わたしたちは思考が恐怖を生むことを、そして、その思考は何かで忙しくしていなければならないことを知りました。そうでないと、思考は途方に暮れてしまうのです。わたしたちが神で忙しく、社会改革で忙しく、あれやこれやと何かで、あるいは別のもので忙しくしている理由の一つは、自分自身のなかで、孤独であることを恐れ、空虚であることを恐れているからです。わたしたちは世界がどのようであるかを知っています。残忍、醜悪、暴力、戦争、憎悪、階級的分断、国家どうしの分断等々の世界です。わたしたちは――こうであるべきと思っている世界ではなく――世界が実際にどのようであるかを知っているので、そこに根源的な変容をもたらすことに関心をもっています。その変容をもたらすためには、人間の精神は、とてつもない変化を遂げなければなりません。そして、その変容は、いかなるかたちの恐怖があっても起こり得ないのです。

そこで、ひとは自問します。「思考が終わり、完全に自由に生きることは可能だろうか？」と。みなさんは、完全に注意を向けているとき、完全に何かに注意を注いでいるとき、そんなときには観察者はなく、したがって思考する者もなく、自分がそこから観察している中心もない、ということに気づかれたことがおありですか？　ときには、それをしてみてください。完全に注意を向けるのです――「集中（concentration）」ではありませんよ。集中は思考のもっとも馬鹿げたかたちです。そんなことはどんな生徒でもできます。わたしたちが言っているのは「注意（attention）」です――注意を向けることです。いま、みなさんが全存在で、精神、脳、神経、すべてのエネルギーをあげて傾聴しているなら――傾聴ですよ。受容でもなく、反論でもなく、比較でもなく、実際に完全な注意を向けて傾聴しているなら――そこに、傾聴している主体はあるでしょうか？　誰が観察しているのでしょうか？　そこには、観察者がまったく存在しないことがおわかりになるでしょう。さて、みなさんが木を見るとき、完全な注意とともに見つめてください。ここにはたくさんの木があります。それらを見つめてください。夜、巣に帰るカラスの声を聴くとき、完全に傾聴してください。「あの声は好きだな」とか「あの声は好きじゃない」などと言わないでください。心《ハート》で、精神《マインド》で、脳で、神経で、完全に傾聴してください。同じように、思考の妨害なしに木を見てください。それは、観察者と観察されるもののあいだに何のスペースもないことを意味します。そのように全的な完全な注意を向けるとき、観察者はまったく存在しません。そして、恐怖を生むのは観察者なのです。なぜなら、観察者は思考の中心だからです。それは「わたし（me, I）」――自己（self）であり、自我（ego）です。観察者は検閲者です。思考がないとき、観察者はいません。その状態は、ぽかんとした空白状態ではありません。それには多大の探究が求められます。決して、何も受け入れないでください。

みなさんは人生を通じて、ずっと受け入れてきたのです。伝統を受け入れ、家族を受け入れ、社会をそのまま受け入れてきました。みなさんは単にイエスと言うだけの存在です。いずれに対しても、決してノーとは言わない。そしてノーと言うとしても、ただの反抗です。反抗はそれ自身のパターンを創り出し、それが習慣、伝統になります。ですが、みなさんが社会の全構造を理解したなら、それが葛藤と競争のうえに成り立っていることが、そして神の名、あるいは国の名、平和という名称のもと、強引で冷酷な自己主張のうえに成り立っていることが、おわかりになるでしょう。

恐怖から自由になるため、完全な注意を向けてください。もし今度、精神に恐怖が——何が起こるのだろうという恐怖、あるいは同じことがまた起こるのではないかという恐怖が生じたときには、完全な注意を向けてください。そこから逃げ出さないでください。それを変えようとしないでください。コントロールしようとしないでください。押さえつけようとしないでください。完全な注意を向けつつ、全的に、完全に、それとともにあるのです。すると、そこには観察者がいないので、恐怖もまったくないことがおわかりになるでしょう。

わたしたちの奇妙な勘違いの一つは、無意識がある、さまざまなかたちの恐怖をもたらす根深い何かがある、と考えていることです。おわかりになりますか？　すべての意識は限定されています。限定された意識のその先へ、条件づけられた存在のその先へ行くには、それを「意識」と「無意識」に分けても無意味です。単に意識の領域があるだけなのです。そして、どんな瞬間であれ、完全に注意を向けるなら、無意識も、限定された意識も、ともに一掃してしまえるのです。

注意は育てられるものではありません。方式（method）もシステムもありません。注意を向けられるようになる実践（practice）もありません。なぜなら、注意を向ける方式を実践すると、不注意を育てていることが明らかになるからです。すると、不注意であることを通じて、注意を育てようとしていることになります。システムや方式に従っているとき、みなさんは何をしているのでしょう？　機械的にある習慣を養い、精神を鈍くするだけの活動を繰り返しているのです。それでは精神は鋭敏になりません。いっぽう、ほんの一秒でも一分でも完全に注意を向けるなら、その瞬間的な全的注意が、みなさんが恐れているものを一掃してしまうことがおわかりになるでしょう。その注意のなかには観察者も観察されるものもありません。そのとき、観察者は観察されるものです。ただし、このことを理解し、そこに分け入るには、時間と空間の問題全体を探究する必要があります。

しかし、困難は、わたしたちがあまりにもしっかりと条件づけられているために、決して見ないし、尋ねないし、問わないし、疑わないことにあります。わたしたちはみんな追随者であり、イエスマンなのです。そして現在の危機は、みなさんが何ものにも追随しないことを要求しています。混乱から誰かに追随することはできません。混乱していながら誰かに追随すれば、明晰さからではなく、混乱から追随することになります。みなさんは明晰であれば、決して誰にも追随しないでしょう。そして、混乱から誰かに追随すると、さらに混乱を創り出してしまいます。ですから、みなさんがやるべきことは、まず立ち止まり、探究し、見つめ、傾聴することです。

残念ながら、この国は非常に古くて、いわゆる文化があります。「文化」というのはとても良い言葉ですが、政治家たちや、ろくに考えないひとたち、あるいは語るべき独創的なことがほとんどないひとたちによって、汚されてきました。このひとたちは「文化」という言葉を、自らの考えのなさをごまかすために使ってきました。ですが、異なる文化をもたらすためには――これは静止状態にとどまるのではなく、成長し、花開くという意味ですが――そして、それを理解するためには、ひとは自分自身から始めなければならないのです。なぜなら、みなさんはその文化の、インド文化の、すべての伝統やすべての迷信、すべての恐怖を伴う宗教的、社会的分断、言語的分断がある文化の、結果だからです。みなさんはこうしたすべての一部です。みなさんがそれなのです。そこから離れてはいないのです。そこで、みなさんが自分は何であるかに気づき、全的な注意を向けるなら、そのすべてを瞬時に捨てたことがおわかりになるでしょう。そのとき、みなさんは完全に過去から自由です。みなさんが自分の条件づけに気づいたときにだけ、それは自然に剥がれ落ちるのです――どんな意志を通じてでも、どんな習慣を通じてでも、どんな反応を通じてでもなく。そうではなくて、みなさんが注意を向けているから、それは剥がれ落ちるのです。

しかし、わたしたちのほとんどは、不注意に人生を歩んでいます。めったに注意を向けません。そして、注意を向けるとしても、だいたいは、ヒンドゥー教徒、仏教徒、共産主義者、社会主義者、何でもいいのですが、そのような者としての条件づけに従って反応します。つまり、わたしたちは育ってきた背景から答えるのです。そして、そのような反応はさらなる拘束、さらなる条件づけを創り出すだけです。

けれども、自分の条件づけに気づくなら――ただ気づいている、ただ少しの注意を向けているなら――そのとき、精神はもはや意識と無意識に分断されてはいないことがおわかりになるでしょう。そのとき、自分の精神がもはや際限なくしゃべり続けていないことがおわかりになるでしょう。ですから、精神はとてつもなく鋭敏になります。そして、非常に鋭敏な精神だけが沈黙できるのです――踏みにじられた精神、規律やコントロール、調整や同調に痛めつけられてきた精神ではありません。そのような精神は、いわゆる瞑想を繰り返しても、決して沈黙することはできません。瞑想はまったく異なるものです――それについては、また別の機会にお話することになるでしょう。

これまでお話したとおり、恐れている精神は何でもしようとしますし、どんな愛も決して抱けないでしょう。そして、愛なしには新しい世界を建設することはできません。愛がなければ、オアシスもあり得ません。そして、みなさんは人間として、いまみなさんが囚われているこの社会構造を創り出したのです。そこから抜け出すには――みなさんは完全にそこから抜け出さなければならないのですが――そのためには、自分自身を理解しなければならず、あるがままの実際の自分をただ観察しなければならず、そしてそのとき、その明晰さから行動が生じます。そのとき、みなさんは異なる生き方を――反復ではない生き方、同調ではなく、模倣でもない、ほんとうに自由な、それゆえに、あらゆる思考を超えた何かに向かってドアを開く生き方を――発見されるでしょう。

一九六七年　ボンベイにおける最初の講話

2. 自由、関係性、死

よろしければ、先日ここでお会いしたときの話の続きをしましょう。わたしたちは、根源的な革命が必要である、それも、単なる経済的革命でも社会的革命でもなく、もっともっと奥深い、まさに、意識の根元における革命が必要なのだ、という話をしたのでした。世界の状況がそのような革命が起こることを求めているだけではありません。全世界で着実な衰退が、単に技術的のみならず、宗教的な意味でも——この言葉を慎重かつ大いなるためらいとともに使うなら——起こっているのです。「宗教」という言葉は、徹底的に間違って使われてきました。知的な人々はこの言葉を全面的に捨て、否定し、この言葉から逃げ出しています。科学者、知識人、人道主義者でさえ、この言葉と、この感情と、あるいは宗教と呼ばれる組織化された信念と、かかわろうとしません。けれども、わたしたちは心理（psyche）の性質そのものの革命について——千年ものときを通じ、おびただしい経験を通じ、多くの条件を通じて築かれてきた意識構造そのものの革命について——お話しています。

この問題を追究してみましょう。この世界に——残忍で、暴力的で、どちらかというと冷酷で、それもますます効率的になり、したがってますます冷酷になる世界に——生きる人間として、社会関係における外面的な革命だけでなく、それよりもっと大きな、自分の内面的な生における革命を起こすことは可能でしょうか？　意識全体に――つまり、思考の全分野に――根源的な革命が起こらないかぎり、人間は劣化して暴力や悲しみをはびこらせるだけでなく、ますます機械的になり、ますます快楽追求に走る社会を創造するだろうし、それゆえに、きわめて皮相的な人生を生きることになると、わたしには思われます。観察してみれば、いま実際に起こっているのがそれなのです。

自動化、サイバネティックスの開発、人工頭脳等々を通じて、人間はますます余暇が増えています。その余暇はすべて、楽しみ——宗教的な楽しみ、あるいはさまざまな娯楽のかたちを通じた楽しみ——に向けられるか、さもなければ、ますます人間と人間の関係における破壊的な目的に使われるでしょう。あるいは、その余暇を得て、内面に目を向けるか、です。可能性はこの三つだけです。技術的には月に行くことが可能ですが、しかし、それでは人間の問題は解決しないでしょう。また、宗教的な、あるいはその他の楽しみに余暇を使うだけでも、問題は解決しないでしょう。教会や寺院に通うのも、信念や教義も、聖なる書物を読むことも——じつのところ、すべてがある種の娯楽なのです。あるいは、自分自身のなかに深く分け入り、人間が何世紀もかけて創り出してきたあらゆる価値観を問い、単なる脳の産物以上の何かがあるかどうかを発見しようと試みるでしょうか。世界のいたるところに、さまざまなかたちのドラッグを用いたり、あらゆるかたちの社会的活動を否定するなどして、既存の秩序に反抗している人々の集団があります。

そこで、わたしたちがお話ししているのは、この世界に生きる者が、革命を、異なる種類の社会、異なる種類の秩序を創造する心理的革命を起こすことは可能だろうか、ということです。わたしたちには秩序が必要です。いまとんでもない無秩序が存在するからです。いまの社会の全構造は無秩序、競争、敵対意識、食うか食われるか、人間と人間の対立、階級的分断、人種的分断、国家的分断、民族的分断等々を基盤としています。そして、このように構築された社会には無秩序が存在するのです。これには疑問の余地はありません。さまざまなかたちの革命――ロシア革命やその他のかたちの革命――は社会に秩序をもたらそうと試みましたが、例外なく失敗したことは、ロシアや中国を見れば、おわかりのとおりです。けれども、わたしたちには秩序が必要です。なぜなら、秩序がなければ、わたしたちは暮らしていけないからです。動物ですら秩序を求めます。彼らの秩序は所有の秩序と性的秩序です。また、わたしたち人間にも、同じく所有の秩序と性的秩序があります――そして、わたしたちは所有物に対する権利のためには性的秩序を放棄しようとします。そして、その分野に、わたしたちは秩序をもたらそうと試みているのです。

さて――通説とは違って――自由があるときにのみ、秩序は存在し得ます。自由がないところには秩序はなく、したがって独裁があり、秩序をもたらすためにイデオロギーが強制され、結局は、それが無秩序をもたらすのです。秩序は規律を意味しますね。ですが、一般的に理解されている規律は、同調、服従、受容を基盤としているか、あるいは、恐怖を通じ、懲罰を通じてもたらされます――人々を秩序のなかに押し込めるための強大で独裁的な力を通じて、です。わたしたちが話している規律は、自由とは何かという理解そのものを通じて現われます。自由とは何かを理解することが、それ自身の規律をもたらすのです。

さて、わたしたちは「自由（freedom）」と「理解（understanding）」という二つの言葉をどのような意味で使っているか、わかっていなければなりません。わたしたちはふつうに「何かを理解した」と言います――それは知的、言語的な理解です。何かがみなさんの言語、あるいはわたしたち双方が理解できる外国語ではっきりと述べられるとき、みなさんは「わたしは理解した」と言います。みなさんが「わたしは理解した」と言うとき、それは、人間としての全体のごく一部が使われたということです。つまり、みなさんは言葉を知的に理解した、話し手がどんな意味を伝えているかを理解した、ということです。けれども、わたしたちが「理解」という言葉を使うとき、それは、概念の知的な把握を意味しているのではありません。わたしたちは「理解」という言葉を全的に使っているのです――それは、みなさんが何かを理解すれば行動する、ということです。危険があると理解すれば、危険を非常にはっきりと見れば、即座に行動します。理解の行動は、それ自身の規律を有しています。ですから、この「理解」という言葉の意義を、きわめて明確に把握していなければならないのです。わたしたちがものごとをあるがままに理解し、自覚し、把握し、見るときには、行動があります。そして、何かを理解するには、精神、理性、能力だけでなく、全的な注意を向けなければならないのです。そうでなければ、理解はありません。それはかなり明らかなことだと、わたしは考えます。

さて、わたしたちは見ています。自由を理解することは、反抗とはまったく違います。反抗とは、既存の秩序に反対する反応です――長髪にするひとたちなどの反抗のように。彼らは決められたパターンに反抗します。反抗するとき、彼らは自分が囚われているパターンを受け入れているのです。わたしたちは反抗ではない自由について話しています。それは、何かからの自由ではなく、無秩序の理解そのものである自由です。どうか、ここははっきりと、間違わずについてきてください。無秩序とは何かという理解そのもののなかに、秩序をもたらす自由が現われ、そこには規律があるのです。

つまり、否定的な理解とは、肯定的な行動をもたらすことなのです。肯定的なパターンの追求を通じては、秩序は現われないでしょう。無秩序が存在します。その無秩序は、ひとがあるパターンを追求することが原因で生じました――社会的パターン、倫理的パターン、宗教的パターン、個人的な性向や快楽をベースにしたパターン等々です。つまり、この社会は欲望という人生観をもとに、競争、従属、権威をもとにできあがっています――それが無秩序をもたらしているのです。それぞれが自分自身のために行動します。宗教的な人間は自分自身のために行動します。政治家は「国益のために」と語りますが、自分自身のために行動します。そして、ビジネスマンも自分自身のために行動します。それぞれが自分自身のために行動する――それは明らかです。したがって、人間は無秩序を創り出します。人間は自分自身のために働いている、だから、国のため、コミュニティとしての社会のために働かなくてはならない、等々と言う、イデオロギーの信奉者たちもいます。そこで、秩序がわたしたちに押しつけられます――それが無秩序をもたらすのです。これは歴史的にもかなり明らかなことです。ですから、無秩序の――それぞれの人間がどのように無秩序を創り出してきたかという――理解、それも、言語的な理解でも知的な理解でもなく、実際に理解するなかに、自分が実際に何をしているかという事実を見ることのなかに、その知覚から、実際の「あるがまま」の観察から、秩序をもたらす規律が生まれ出て存在するのです。

ですから、わたしたちは「自由」という言葉、「理解」という言葉、それに「見る」という言葉を理解し、把握する必要があります。わたしたちは何かを見ているのでしょうか？　それとも、それについてもっているイメージを通して見ているのでしょうか？　木を見つめるとき、みなさんは木という実際の事実を、木についてのイメージを通して見ています。どうか、ご自分でそのことを観察してください。注視してください。みなさんは、どんなふうに木を見つめていますか？　こうしてお話ししているいま、やってみてください。みなさんは思考とともに見つめます。みなさんは言います。「あれはヤシの木だな。あれは何々の木、あれは何々の木だ」。その思考が、その木の実際の事実を見つめることを妨げるのです。もっと主観的なこと、内面的なことを取り上げましょうか。みなさんは妻や夫を、相手について創り上げてきたイメージを通して見つめます。それは明らかです。彼女あるいは彼と長年ともに暮らしてきたのですから、そして、彼女あるいは彼についてのイメージを培ってきたのですから。ですから、自分がもっているイメージを通して、彼女あるいは彼を見つめます。二人の関係は、みなさんが培ってきた二つのイメージのあいだの関係です――二人の人間の関係ではありません。ですから、みなさんは実際には見ていない。一つのイメージが別のイメージを見ているのです。

そこに気づくのは、とても重要なことです。なぜなら、わたしたちは世界中で人間関係に携わっているからです。それらのイメージが存続するかぎり、関係はないのです。そこで、人間と人間のあいだにあらゆる葛藤が起こります。わたしたちのそれぞれが相手についてのイメージを創り上げている。そして、相手を見るときは、彼についてもっているイメージを、あるいは彼がわたしたちについてもっているイメージを見ている。それが実際の事実です。みなさんはこの事実を、はっきりと見なくてはいけません。見ることは、それについて云々することとは違います。みなさんは空腹なとき、それを知っています。「あなたは空腹だ」と、誰にも言われる必要はありません。さて、誰かが「あなたは空腹だ」と言い、あなたがその言葉を受け入れるなら、そこには、あなたが実際に空腹であるのとはまったく違った意味があります。同じように、自分が他者についてのイメージをもっていることに、そして、相手をヒンドゥー教徒、イスラム教徒、共産主義者等々として見ているときにはすべての人間関係は停止し、あなたはただ相手について自分が創り上げた意見を見ているにすぎない、ということに、実際に気づかなければなりません。

さて、わたしたちは、このイメージ作りに革命を起こすことがいったい可能だろうかと問いかけています。どうか、話についてきてください。そして、そこにかかわるとてつもない含意を見てください。人間は社会によって、育った文化によって、宗教によって、経済的圧力によって、気候によって、食物によって、読む本や新聞によって条件づけられています。彼らは条件づけられており、全意識が条件づけられているのです。そして、わたしたちは、その条件づけを超えた先に何かがあるかどうかを発見しようとしています。ですが、その条件づけを超えた先に何かがあるかどうかを発見できるのは、すべての思考は意識のパターンの内部にある、とみなさんが自覚するときだけです。そこは明確におわかりですか？　それでは、もう少し説明しましょう。

おわかりでしょうが、人間は常に自分自身を超えた何かを、他性（otherness）を探し求めてきました。そして、それを「神」と呼びました。「超意識」など、さまざまな名前で呼びました。彼は自分の意識の総体である中心《センター》から出発します。別の言い方をしましょうか。人間の意識は時間の結果です。それは、彼が暮らす文化の結果です。文学、音楽、宗教などの文化です——そして、そのすべてが彼を条件づけます。そして、彼は社会を作り上げ、いまはその社会の奴隷です。おわかりですか？　だから、人間は自分が作り上げた社会によって条件づけられ、その社会がさらに彼を条件づける。そして、人間は常に、意識的にも無意識的にも、そこから脱出する道を探しています。意識的には、みなさんは瞑想し、書物を読み、宗教儀式に参加するなど、さまざまなことをして、その条件づけから逃れようと試みています。無意識的に、あるいは意識的に模索し、意識の限定を超えた何かを探し求めています。

時間の結果である思考は常に、それ自身の条件づけを超えた先に行けるかどうかを探し求め、それはできないと言ったりできると言ったりし、あるいは何かがあると主張します。さて、思考は時間の結果であり、意識の領域全体——意識的であれ無意識的であれ——である思考は、決して新しいものを発見できません。なぜなら、思考は常に古いからです。思考は何千年もの記憶の集積です。思考は動物的遺産の結果です。思考は記憶としての昨日の経験です。ですから、思考は決して意識の限定を超えた先に行くことはできないのです。

さて、木を見つめるとき、みなさんは思考がその木について創り出したイメージを見ています。妻や夫を見るとき、政治的指導者を見るとき、宗教的グル（導師）を見るときなどでも、みなさんは相手について思考が創り出したイメージを見ています。だから、みなさんは決して新しい何かを見てはいません。そして、思考は快楽によってコントロールされています。わたしたちは快楽の原則で機能している――それについては先日、少々お話ししましたね。いま問いかけているのは、この限定された意識を超えた先に行くことは可能なのか、ということです。そして思考に分け入って探究することは瞑想の一部で、それには、とてつもない規律が要求されます――コントロールや抑圧、模倣、方式への追随等々のあらゆる馬鹿げた規律ではない規律です。

さて、この探究のプロセスについて、さらに分け入っていくことにします。話し手は、そこへ分け入っていきますが、みなさんが話し手とともに旅したいと思われるなら、話し手の言うことに注意を向けるだけでなく、彼と一緒に、それも言葉の面ではなく実際に、先へとたどっていかなくてはなりません。

わたしたちは、無垢の領域が、思考がまったく触れない無垢があるかどうかを発見しようとしています。あの木をはじめて見るように見つめることができるだろうか――混乱や悲惨、悲しみ、ごまかし、残忍さ、不誠実さ、残酷さ、戦争などをひっくるめたこの世界を、この世界の光景をあるがままに、はじめて見るように見つめることができるだろうか――これは重要なことです。なぜなら、はじめて見るように見つめることができれば、わたしの行動はまったく新しいものになるはずだからです。精神がその無垢の領域を発見しないかぎり、何をしようとも――どんな社会改革にも、どんな活動にも――常に思考の染みがついているでしょう。なぜなら、それは思考の産物であり、思考は常に古いからです。

そしてわたしたちは、意識は限定されているのではないか、その意識のなかのどんな運動も、意識的であれ無意識的であれ、思考の運動なのではないか、と尋ねています。みなさんが神を、真理を探し求めるとき、それは依然として思考が探し求めているのであり、それゆえに、既知の認識という面でそれ自身を投影していますし、したがって、みなさんが探し求めているものはすでに知られたものであって、ですから、みなさんはまったく探し求めてはいないのです。そこを理解することがきわめて大切です。それゆえに、すべての探し求めは全面的に停止しなければならない――みなさんは「あるがまま」をほんとうに、実際に見なければならない、ということです。つまり、自分は怒っている、嫉妬している、競争している、貪欲である、利己的である、残虐である、暴力的である、と見るとき、理想という観点からではなく、実際に「あるがまま」を見るとき、そのとき、みなさんは葛藤から完全に離れます。どんな種類の、どんなレベルの葛藤であれ、そのなかにあれば、精神は鈍くなります。いつでも争っている二人の人間が、鈍く、愚かで、鈍感になっているようなものです。どんな葛藤も、精神を鈍くします。ですが、対立物（opposite）なしに「あるがまま」を実際に見るとき、そこに葛藤はまったくありません。

どういうことか、ご説明しましょう。動物は暴力的です。動物の子孫である人間もまた暴力的です。暴力的である、怒る、嫉妬する、羨む、権力を、地位を、名声を、その他もろもろを求める、支配的である、攻撃的である。どれも人間という存在の一部です。人間は暴力的です――それはおびただしい戦争に示されています――そして、人間は「非暴力」と呼ぶイデオロギーを生み出しました。どうか、しっかりと話についてきてください。この国インドでは、際限なくそれについて語り続けてきました。それは空想的なイデオロギー風のナンセンスです。そして、この国と隣国との戦争のように、実際に暴力が存在するとき、誰もがそこに加担します。彼らはそれが大好きなのです。さて、実際に暴力的でありながら、非暴力という理想をもっているとき、みなさんは葛藤します。みなさんは常に非暴力であろうと試みる——それは葛藤の一部です。みなさんは暴力的であってはならないと自分を律する——それもまた葛藤、摩擦です。ですから、暴力的でありながら非暴力の理想をもっているとき、みなさんは本質的に暴力的なのです。自分は暴力的であると自覚し気づくこと、それが最初にやるべきことです——非暴力であろうと試みることではありません。暴力をあるがままに見ること、それを言い換えたり、律したり、克服したり、抑えたりしようと試みるのではなく、はじめて見るように見ること——それは、どんな思考もなしに見つめることです。

わたしたちが言う、無垢とともに木を見つめるとはどんなことかは、もう説明しました——それは、イメージなしに見つめることです。同じように、みなさんは暴力という言葉にかかわるイメージなしに、暴力を見つめなければなりません。どんな思考の運動もなしに見つめるとは、はじめて見るように見つめることであり、したがって、無垢とともに見つめることです。

このことをおわかりいただけたらと思います。なぜなら、ここを理解することはとても重要だからです。もし、人間が自らのうちの葛藤を全面的に取り除くことができれば、まったく違った社会を創造するでしょう。それは根源的な革命です。そこで、わたしたちは、人間が、この条件づけられた存在が、そのすべての条件づけを打破し、もはや特定の見解やイデオロギーをもつヒンドゥー教徒でもイスラム教徒でも共産主義者でも社会主義者でもなくなり、そうしたすべてが消え去ることは可能なのか、と尋ねています。それが可能なのは、ものごとを実際にあるがままに見始めるときだけです。

みなさんは、木とは何かを考えることなく、木を見なくてはいけません。妻や夫を、相手について作り上げてきたイメージを通してではなく、あるがままの彼女、彼として見なくてはいけません。そのときには、みなさんはもう事実を、「あるがまま」を見ているのであり、自分の個人的な性向や気質という観点から解釈しようと試みているのでもなく、環境に指図されているのでもありません。わたしたちは環境にコントロールされています。自分の性向や気質に指図されています。だから、わたしたちは決して「ほんとうのあるがまま」を見てはいません。「ほんとうのあるがまま」を見ること、それは無垢です。そのとき精神は、とてつもない革命を成し遂げているのです。

みなさんが話についてきてくださっているか、よくわかりません。みなさんは子供に、おまえはヒンドゥー教徒だよと教え、おまえは有色人種だとか黒人だとか、あるいはキリスト教徒だと教えます。みなさんは子供に教え、そうやって子供をコントロールし、条件づけます。さて、わたしたちが言っているのは、その条件づけを打破することです。それには、ヒンドゥー教徒だとか、イスラム教徒、共産主義者、あるいはキリスト教徒などの観点から決して考えないことが必要です。つまり、人間として、ものごとを実際にあるがままに見るのです――それは、ほんとうに死ぬことを意味します。

おわかりでしょうが、わたしたちのほとんどにとって、死は恐ろしいことです。若者も老人も、さまざまな理由から、同じように死を恐れます。恐れるから、わたしたちはさまざまな理論を――再生、復活を――死が存在するという実際の事実からのあらゆる逃げ道を発明します。死とは未知の何かです。

みなさんが夫や妻をほんとうには知らないように、ただ自分がもつ夫や妻のイメージを知っているだけであるように、みなさんは死についても、ほんとうは何も知らないのです。そこがおわかりですか？ 死は未知の何か、恐ろしい何かです。みなさんという存在は条件づけられており、心配や罪悪感、惨めさ、苦しみ、ささやかな創造的能力、あれやこれやの才能でいっぱいになっています。みなさんはそのようなすべてであり、自分が知っているものを失うことを恐れます。なぜなら、まさに思考の本質は検閲者だからです。思考がなければ、「わたし（me）」もありません。そして、恐怖もいっさいありません。つまり、思考が未知への恐怖をもたらしているのです。

死にかかわることが二つあります。肉体的な終わりがあるだけでなく、心理的な終わりもあるのです。それで、ひとは、存続する魂があるとか、わたしやあなたのなかには永遠なる何かがあって続いていく、と言います。さて、この永遠なる状態は、思考によって創造されたものです。その思考は、昔の教師、執筆者、詩人、小説家などが生み出した思考かもしれません――みなさんは彼のことを、さまざまな理論を説く宗教者と呼ぶかもしれません。彼は、魂とか永遠なる存在といったこれらの観念を思考によって創造したのです。そしてわたしたちは、その思考を追いかけ、その条件づけにつかまります。共産主義者も同じです――彼らは永遠なるものを何も信じていません。彼らはそう教えられ、それに従って考えています。みなさんが永遠なる何かがあると教えられて信じているように、彼らは永遠なるものは何もないと教えられて信じています。信じていても信じていなくても、どちらも同じです。どちらも信念によって条件づけられているのです。

さて、それに関して、もう一つ問題があります。思考には継続性があるか、ということです。思考は、みなさんがそれに力を与えるとき、継続します。つまり、毎日、自分自身について、家族について、国について、仕事について、職業について、考えて、考えて、考え続けていれば――そのことによって、みなさんは、思考としての記憶の束である中心を創り上げます。それがそれ自身の継続性を有するかどうかは探究しなければなりませんが、いまは時間がないので、そこには立ち入りません。

死は未知の何かです。その死に、無垢とともに立ち向かえるでしょうか？　おわかりになりますか？　わたしはあの葉群ごしに光る月を、あのカラスの鳴き声を、はじめて見聞きするように、既知のすべてから完璧な無垢の状態で見たり聞いたりできるでしょうか？　それは、昨日としての既知のすべてに対して死ぬことです。昨日の記憶を持ちこさないということは、死ぬことです。みなさんは実際にそうしなければなりません――それについて際限なく理論をこねまわすのではなく。その重要性がおわかりになれば、そうなさるでしょう。そうすれば、そこには方式もなくシステムもないことがおわかりになるはずです。なぜなら、何か危険を見てとれば、みなさんは即座に行動するからです。同じく、過去の継続にすぎない精神は決して新しい何かを創造することはできない、とおわかりになるでしょう。科学の分野でさえも、まったく新しい何かを発見するのは、精神が完全に静まっているときだけです。ですから、昨日に対して、記憶に対して、苦痛に対して、快楽に対して死ぬことは、無垢になることです。そして無垢（innocency）は、不死（immortality）よりもはるかに大切なことです。無垢は決して思考に触れられることはありませんが、不死は思考に包まれているのです。

イメージ作りの仕組みが動き出すのはエネルギーがあるからで、そのエネルギーの原理は快楽追求です。それが、わたしたちがしていることです。そうではありませんか？ わたしたちはみな快楽を欲します。その原理でわたしたちは行動します。わたしたちの倫理、社会関係、いわゆる神の探究、その他もろもろ――すべては快楽とその快楽の満足に基づいています。そして、快楽とは思考による欲望の継続です。

奥さま、どうか、メモを取らないでください。これは試験ではありませんから、メモを取り、帰宅して考え、それから回答しなくてはならない、ということはないのです。わたしたちはいま、ご一緒に行為しています。あなたも行為しているのですから、時間はないのです。あなたが実際に生きているとき、それはいまであって、明日ではありません。真剣についてきてくださるなら、メモを取る時間はありません。どうか、傾聴なさってください。

傾聴とは、学びを意味します。そして、学びとは、蓄積ではありません。つまり、みなさんが学んで、その学んだことをもとに行動するとき、そのような学びはただの蓄積でしかなく、みなさんは再び蓄積して、蓄積したことに従って行動します。それで、みなさんは摩擦を創り出しているのです。みなさんが傾聴するなら、ほかにすることは何もありません。みなさんがしなければならないのは、傾聴することだけです。あの木を見つめるように、あの月を見つめるように、何の思考もなしに、何の解釈もなしに傾聴してください。ただ、傾聴する。そこには偉大な美があります。そのような傾聴とは、完全な自己放棄です。そうでなければ傾聴はできません。

みなさんが傾聴するのは、情熱があるときだけです。そして、情熱があるのは、何についても完全に自己を捨てているときです。同じように、全面的な放棄とともに傾聴するなら、みなさんはやれることをすべてやったのです。なぜなら、そのとき、みなさんは真理を――日々の、すべての行動の、すべての思考の、すべての分野の真理を――あるがままに見ているからです。日々の動きの、日々の活動の、日々の作業の、日々の思考の真理をどう見るかを知らなければ、みなさんは決してその先には行けませんし、意識の限定を超えた向こうに何があるかを決して発見できないでしょう。

さて、わたしたちは、自由の理解はそれ自身の規律をもたらし、その規律は模倣でもなく同調でもない、と言いました。たとえば、死を非常に注意深く見つめるなら、その見つめること自体が規律なのです。前にも言ったように、意識は限定されていて、その限定は思考の圏内にあります。思考はその限定を突破することはできません。どれほど心理分析をしても、どれほどの哲学も、どんな身体的規律も、その条件づけを打破することはできないでしょう。打破できるのは、思考の仕組み全体が理解できたときだけです。前にも言ったように、思考は古く、決して新しいものを発見できません。何もできないと思考が自覚するとき、思考それ自体が終わります。そこで、意識の限定が突破されるのです。

そして、この突破（breaking through）とは、古いものに対して死ぬことです。これは理屈ではありません。受け入れたり、否定したりなさらないでください。「とてもいい考えだ」などと言わないでください。実行してください。そうすれば、みなさんご自身で、昨日に対して死ぬことのなかに無垢が生まれることを発見なさるでしょう。そのとき、その無垢から、まったく違った行動が生じます。人間がそこを発見しないかぎり、何をしようとも——あらゆる改革、あらゆる崇拝、あらゆる逃避、あらゆる富の崇拝も——まったく何の意味もありません。

自己放棄を通じてのみ現われる無垢があるとき、そこには愛があります。愛と無垢がなければ、どんな生もありません。あるのは拷問だけ、あるのは惨めさだけ、あるのは葛藤だけです。そして、無垢と愛があるとき、みなさんはまったく違った次元があることを知るでしょうし、それについては、誰もみなさんに語ることはできません。もし、語るひとたちがいるなら、真理を語ってはいないのです。自分は知っていると言うひとたち——彼らは知らないのです。しかし、理解したひとは、ひそやかに、知らず知らずのうちに、まったく違った次元のものである何かと出会います——観察者と観察されるもののあいだのスペースが取り除かれるように。その状態は、観察者と観察されるものが異なっている状態とはまったく違った状態なのです。

J．クリシュナムルティ作品集　第十七巻
一九六七年　ボンベイにおける第二の講話

3. 自己を知ることと瞑想

先日、ここでお会いしたときには、全的な革命の必要性についてお話しました――内面と外面、両方の革命です。そのときに話したのは、世界の平和のためには秩序が不可欠であること、それも外面的な秩序だけではなく、まずは内面の秩序が不可欠である、ということでした。秩序は単なる定型的活動《ルーティン》ではありません。秩序は生きているのであって、単なる思索や、イデオロギー、さまざまなかたちの衝動的行動によってもたらすことはできません。さらにわたしたちは、古いものである思考は、それが過去に確立してきたパターンなしには機能できない、とも言いました。思考は常に古く、思考が秩序をもたらすことは不可能です。なぜなら、さっきも言ったように、秩序は生きているからです。そして、思考こそが、世界に無秩序をもたらしたのです。

それについては先日、充分に探究したと思います。わたしたちは、秩序とは何かではなく、何が無秩序をもたらすのかを検討しなければならない、と言いました。なぜなら、わたしたちが無秩序を理解できるそのときには――実際に無秩序を知覚し、知的にだけでなく、実際に無秩序の全構造を見るときには――その無秩序の全的な理解のなかに、秩序が現われるからです。

そこを理解することが重要だと、わたしは思います。なぜなら、わたしたちのほとんどが、秩序は反復によってもたらされると考えているからです。今後四十年間、オフィスに通い続けることができるなら、定型的活動をする技術者や科学者であるなら、秩序をもたらすことができると、みなさんは考えます。しかし、定型的活動は秩序ではありません。定型的活動は無秩序を生んできました。わたしたちの外面にも内面にも無秩序が存在します。それは疑問の余地がないと思います。外面的にも内面的にも、全体が混沌としています。ひとはその混沌からの抜け道を模索し、問いかけ、要求し、新しい指導者を探し求めています。そして、政治的であれ宗教的であれ、新しい指導者を発見できれば、追随するでしょう。つまり、ひとは確立された定型的活動、目的、システムに、機械的に追随していくのです。

けれども、無秩序がどのようにもたらされたのかを観察するとき、権威が、とりわけ内面的な権威が存在すれば必ず無秩序になることが見てとれます。ひとは内面的に他者の、教師の、グルの、書籍等々の権威を受け入れます。つまり、機械的に他者に——その教えに、言葉に、命令に、権威に——追随することで、自分のなかに秩序をもたらすことを願うのです。平和であるためには、秩序が必要です。けれども、わたしたちが権威を追求したり、追随したりするなかで創り出す秩序は、無秩序を生み出します。

世界で何が起こっているかを——とりわけ、いまだに権威が支配していて、内面的な権威、要求、誰かに従えという要請が非常に強く、それが伝統の一部、文化の一部になっている、この国で起こっていることを観察なされば、おわかりでしょう。だから、大小を問わずヒンドゥー教の僧院《アシュラム》がこれほどたくさんあるのですが、あれは、ほんとうは強制収容所です。なぜなら、あそこでは何をすべきかが厳格に指図されるからです。いわゆる霊的な指導者たちの権威があるのです。そして、すべての強制収容所と同じく、彼らはみなさんを破壊しよう、新しいパターンにはめ込もうとします。ロシアの共産主義者たちや独裁政権は、意見を変えさせるため、考え方を変えさせるため、人々を押さえつけるために、強制収容所を作りました。それが現に起こっていることです。世界が混沌とすればするほど、基本的に人々を歪め、型にはめ込み、あるパターンに押し込めて、すばらしい未来を約束する強制収容所にほかならない僧院なるものが増えます。そして、鈍いひとたちはそれを受け入れます。なぜ受け入れるのかと言えば、物理的な安定が得られるからです。権力者、人民委員、グル、権威が、何をすべきかを厳格に指図します。そして、人々は唯々諾々と従う。なぜなら、天国か何かを約束されているし、当面は物理的な安定があるからです。このタイプの機械的な従属――すべての従属は機械的です――が、大いなる無秩序を生み出すのです。歴史を観察すれば、また日常的な出来事を観察すれば、おわかりのように。

さて、無秩序を把握するためには、無秩序の原因を理解しなければなりません。無秩序の第一の原因は、他者が約束するリアリティを追いかける、あるいは探し求めることです。わたしたちのほとんどが混乱のなかに、また動揺のなかにあるので、快適で霊的な人生を確約する誰かに機械的に追随しようとするのです。わたしたちが政治的には独裁や専制政治に反対しているというのは、実にとてつもないことの一つです。リベラルであるほど、文明化すればするほど、自由であればあるほど、人々は専制政治を拒絶し、政治的にも経済的にも独裁を嫌悪します。ところが、内面では権威を、他者の独裁を受け入れるのです。つまり、わたしたちは精神を捻じ曲げ、思考と生き方を捻じ曲げて、他者がリアリティへの道として確立したパターンに同調するのです。そのとき、わたしたちは実際には明断さを破壊しています。なぜなら、明断さは、あるいは光は、他者を通じてではなく、書物を通じてではなく、どんな聖人を通じてでもなく、自ら発見しなければならないからです。だいたいのところ、聖人たちは歪められた人間です。いわゆる簡素な暮らしをしているので、ほかのひとたちはとても感動します。けれども、彼らの精神は捻じ曲げられていて、彼らは自分がリアリティと考えるものを創り出しているのです。

しかし、実際に無秩序を理解するには、内面だけでなく外面的にも権威の構造全体を理解しなければなりません。外面的な権威を否定することはできません。それは必要だからです。どんな文明社会にも、それは不可欠です。しかし、わたしたちが言っているのは、この話し手を含めた他者の権威のことです。わたしたちそれぞれがもたらした無秩序を理解したときにのみ、秩序が可能になります。なぜなら、わたしたちは社会の一部だからです。わたしたちが社会構造を創り出したのであり、その社会にわたしたちは囚われています。わたしたちは人間として、動物的本能を受け継いだ人間として、光と秩序を発見しなければなりません。そして、その光と秩序は、あるいはその理解は、他者を通じては——それが誰であっても——発見できないのです。なぜなら、他者の経験は偽物かもしれないからです。自分自身のものであれ他者のものであれ、すべての経験を問わなければなりません。経験とは記憶の束の継続で、その条件づけに従って、突きつけられた課題にどう応答すべきかを解釈します。つまり、経験とは突きつけられた課題への応答であり（そうではありませんか）、その経験は自らの背景に従ってしか、応答できないのです。みなさんがヒンドゥー教徒、イスラム教徒、キリスト教徒であるなら、みなさんはご自分の文化、宗教に条件づけられていて、その背景があらゆるかたちの経験に投影されます。そして、みなさんは、その経験を器用に解釈すればするほど、もちろん、仲間たちに、一座の全員に、ますます尊敬されるのです。

ですから、わたしたちは他者の経験だけでなく、自分自身の経験についても問いかけ、疑わなければなりません。意識の拡大を通じてさらなる経験を探し求めることは、それは、さまざまなかたちの幻覚剤を通じてなされますが、やはり意識の領域内にあり、それゆえに、まさに限定されています。ですから、どんなかたちの経験にせよ――とくに、いわゆる宗教的、霊的な経験なら――それを求めるひとは問いかけ、疑うだけでなく、全面的にそれを退けなければなりません。非常に賢明な精神、充分な注意と愛がある精神――そのような精神が、それ以上のどんな経験を必要とするのでしょう?

真理なるものは、招きよせることはできません。みなさんはいくらでも祈りや呼吸法その他、人間が何らかのリアリティや経験を発見するために行なってきたさまざまなトリックを実践できますが、真理は招きよせることができません。測定できるものは現われるかもしれませんが、測り得ないものはそうはいかないのです。そして、条件づけられた精神では理解できないものを追い求めるひとは、外面だけでなく内面的にも無秩序を生み出します。

ですから、権威は全面的に捨てられなければなりません。そして、それは最も実行困難なことの一つです。わたしたちは子供時代から権威に導かれています――家族の権威、母親と父親の権威、学校の権威、教師の権威等々です。たしかに、科学者の権威、技術者の権威はあるでしょう。しかし、いわゆる霊的な権威は邪悪であり、それは無秩序の主要原因の一つです。なぜなら、それこそが世界をさまざまなかたちの宗教、さまざまかたちのイデオロギーに分断しているからです。

さて、精神をあらゆる権威から自由にするためには、自己を知ること、つまり自己知（self-knowledge）がなければなりません。わたしが言っているのは、より高い自己やアートマンのことではありません。それらはみな、精神の発明、思考の発明、恐怖から生まれた発明です。わたしたちが言っているのは、自己を知ることです。こうあるべき自分ではなく、自分自身のあるがままを実際に知ること——愚かである、恐れている、野心的である、残酷である、暴力的である、貪欲である、と知ることです。思考の影にある動機を、行動の影にある動機を知ることです。それが自分自身を知ることの始まりです。自分自身を知らなければ——精神構造がどのように働くか、どのように感じ、何を考え、どんな動機をもっているか、どうしてあることを実行し、他のことは避けるのか、どのように快楽を追求するかを知らなければ——そうしたすべてを基本的に知らなければ、みなさんは自分自身を欺き、自分だけでなく他者をも大いに傷つける可能性があります。そして、その基本的な自己知がなければ、どんな瞑想もあり得ません。そのことを、これからお話しましょう。

ご存じでしょうが、世界中の若者が既存の秩序を拒否し、反抗しています——世界を醜い怪物的な混沌にしてきた秩序です。戦争が起こってきましたし、一つの職に何千ものひとたちが群がります。社会は過去の世代によって、彼らの野心、貪欲、暴力、イデオロギーによって作られてきました。人々、とりわけ若者たちは、すべてのイデオロギーを拒否しています（この国ではそうではないかもしれません。

なぜなら、わたしたちはまだ、充分に発展していませんし、あらゆる権威やイデオロギーを拒否するほど文明化していないからです）。けれども、イデオロギーを拒否する彼らは、自らのイデオロギーのパターンを創り出しているのです。長髪やその他さまざまなパターンを。

　ですから、単なる反抗は問題への答えではありません。問題に答えるとは、自分自身のなかに秩序をもたらすことです。生きている秩序、定型的活動《ルーティン》ではない秩序です。定型的活動は死んでいます。みなさんは大学を出たとたん、事務所に行きます——就職できれば、ですが。それから次の四十年か五十年、毎日、事務所に通います。そのような精神に何が起こるか、ご存じでしょうか？　みなさんはルーティンを確立し、それを繰り返します。そして、子供にもそのルーティンを繰り返しなさいと勧めます。活き活きしたひとなら誰でも、それには反抗するに違いありません。けれども、みなさんは言うでしょうね。「わたしには責任がある。わたしのような立場なら、そうしたくても、立場を捨てるわけにはいかない」と。こうして世界は続いていきます。単調な、退屈な人生、まったくの空虚を繰り返しながら。そうしたすべてに対して、英知（intelligence）は反抗しているのです。

　ですから、新しい秩序、新しい生き方がなければなりません。その新しい秩序、新しい生き方をもたらすには、無秩序を理解しなければならないのです。否定を通じてのみ、みなさんは肯定を理解できます。肯定を追求することによって、ではありません。おわかりでしょうか、みなさん？　みなさんがネガティブなものを否定して捨て去るとき、人間が作り上げてきた社会的無秩序と内面的無秩序の総体を理解したとき、それぞれの人間が野心的で、貪欲で、不当で、競争的で、地位や権力、権威を追い求めているあいだは無秩序を創り出しているのだと理解したとき、そして無秩序の構造を理解したとき——その理解そのものが規律をもたらします。規律とは抑圧ではなく、模倣でもありません。否定から正しい規律が生ずるのであり、それが秩序です。

ですから、自分自身を理解することが智慧（wisdom）の始まりです。智慧とは、書物にあるのでも、経験にあるのでも、他者への追随やおびただしいつまらないことの繰り返しにあるのでもありません。智慧は、自らを理解している精神に、思考がどのように生まれるのかを理解している精神に現われます。みなさんは、このように問いかけたり、質問したことがありますか？　思考の始まりとは何だろう？　思考はどのように生まれるのだろうか？　そこを理解することはとても重要です。なぜなら、思考の始まりが理解できたなら、たぶんみなさんは、過去の反復である思考の重荷を負わない精神を発見できるはずだからです。前にも言ったように、思考は常に古く、決して新しくはありません。みなさんがご自身で発見しないかぎり——どれほどの人物であれ、誰かの言うことを繰り返すのではなく——ご自身で思考の始まりを発見しないかぎり、緑の芽を吹く種のようなそれを発見しないかぎり、みなさんは、昨日という限定を超えて先へ行くことは決してできないでしょう。

そして、思考の始まりを発見するには、自分自身の理解がなくてはならない。それも、分析を通じての理解ではありません。分析には玉ねぎを少しずつ剥いていくような時間がかかります。わたしたちは、分析を通じ、内観を通じ、生じた特定の考えを追求してその理由を調べることを通じて理解できる、と考えます——このすべてには時間がかかるのです。さて、理解の手段として時間を用いると、その時間は無秩序を生みます。したがって、時間は悲しみです。おわかりになりますか？　自分自身のなかの暴力を排除するために時間をかけるとき、みなさんは暴力的であってはならないということを目標、イデオロギーとして確立します。そこには時間がなくてはならず、みなさんは暴力と暴力がない状態とのあいだのスペースを埋めなくてはなりません。自分自身から暴力をなくそうとする時間をもつなら、そのあいだずっと、みなさんは暴力の種を蒔いているのです――それは明白な事実です。みなさんが自分に、「トップにのぼりつめたら、わたしはもう野心的ではなくなるぞ」と言うなら、いまのところは野心的な人間として冷酷さの種を蒔いています。ですから、自分自身の理解は時間をかけるものではありません。それは、瞬時になされなければならないのです。それについて、もう少しお話しましょう。

わたしたちは言いました。いまの世界は混沌である、と。戦争があり、反復的な活動があり、教会ビジネスがある――どれも世界におびただしい被害を生んでいますし、それらすべてが続くのは無秩序です。秩序をもたらすには、無秩序の構造を理解しなければなりません。そして、この無秩序の主要な構造の一つは権威です。みなさんは恐怖のゆえに権威を追い求める。みなさんは言います。「わたしにはわからない。あなたは知っている。どうか教えてください」と。けれども、教えられるひとは誰もいません。そこに気づいたとき、そして、すべては内面的心理的にまったく自分自身で見出すしかないのだ、と気づいたとき、そこには、みなさんを助ける指導者も、グルも、哲学者も、聖人もいません。なぜなら、彼らは依然として思考のレベルで機能しているからです。思考は常に古く、指針にはなりません。

さて、わたしたちは原点を、思考の始まりを見出そうとしています。これは重要なことです。どうか、言葉だけを聞くのではなく、傾聴してください。みなさんは傾聴とはどんなことか、ご存じですか? みなさんは傾聴する。学ぶためではありません。学ぶために傾聴するのではなく、自分を捨てて傾聴してください。そうすれば、ご自身で真偽を見ることができます。それは、受け入れもせず否定もしない、ということを意味しています。何でも注ぐことができるけれど、何も残らないザルのような開かれた精神でいろ、ということではありませんよ。そんなことではなくて、みなさんは傾聴しているがゆえに非常に鋭敏であり、したがって高度に批判的なのです。けれども、その批判は別の意見に反対する自分の意見に基づいているのではありません。それは思考のプロセスです。どうか、あのカラスの声を聴くように、好きも嫌いもなく傾聴してください。あの少年が何かを叩いている音を、苛立ちもせず、注意を失うこともなく、ただ聴いてください。そのように完全に傾聴するとき、みなさんはもはや、やるべきことは何もないことを発見するでしょう。川岸に立っている人間だけが、流れの美しさについて推測をめぐらすのです。川岸を離れて流れに入ったなら、もう推測も何もないのですから、思考はありません。ただ、運動があるだけです。

これから分け入っていこうとするもの――つまり、思考の始まり、原点ですが――を理解するには、自分自身を理解しなければなりません。つまり、自分自身について学ばなくてはならないのです。自分自身について知識を得ることと自分自身について学ぶことは、まったく違う二つのことです。みなさんは自分自身を見つめ調べることで、自分自身についての知識を得ることができます。そして、学んだことから、その蓄積から、行動し始めます。そこで、その行動から、さらにまた獲得します。おわかりになりますか？　みなさんが学んだこと、蓄積したことは、すでに過去です。すべての蓄積は過去であり、その過去から、みなさんは観察し始め、さらに蓄積するのです。けれども、学びは蓄積ではありません。学びとは――見つめているとき、みなさんはその行為とともに動いている、ですから、学びには残留物はいっさいなく、常に学んでいるのです――学び（learning）とは、現在進行形の言葉で、過去進行形ではありません。わたしたちは学ぼうとしている。しかし、蓄積されたものからではありません。言語を学ぶときには蓄積が必要です。単語を知り、さまざまな動詞を学ぶ等々が必要です。そして学び終わったら、その言語を使い始めます。けれども、いまお話ししていることは、それとはぜんぜん違うのです。危険を見るとき、みなさんは即座に行動します。断崖絶壁のような危険を見るときは即座の行動があるのです。

そこで、わたしたちがしようとしているのは、思考の始まり、原点を発見し理解することです。そのためには、みなさんは傾聴し、ともに進まなければなりません。つまり、注意を向けなければならないのです。注意が可能になるのは、深く探究しているときだけです――それは、みなさんが実際に自由に探究していて、誰かが言ったこと等々に縛られていないことを意味しています。

さて、すべての生はエネルギーであり、終わりなき運動です。そして、そのエネルギーは運動のなかで、自己防衛と安全保障に――つまり、生き延びることに――基づいたパターンを創り出します。エネルギー、運動、生き延びるためのパターンにはまる、そして、そのパターンを繰り返す――これが、思考の始まりです。思考は精神です。エネルギーは運動で、その運動は生き延びるためのパターンに、快楽や恐怖という意味での生存のパターンにはまっている――それが、思考の始まりです。

思考とは、蓄積された記憶の、蓄積されたパターンの応答です――それが、ヒンドゥー教徒として、イスラム教徒として、ゾロアスター教徒として、キリスト教徒として、共産主義者として、社会主義者等々として、みなさんがしていることです。わたしたちはパターンのなかで機能しており、そのパターンの反復は思考の反復で、繰り返し繰り返し反復されます。それが、ヒンドゥー教徒として、イスラム教徒として、あるいはゾロアスター教徒として、みなさんがしていることです――ヒンドゥー教、イスラム教徒、ゾロアスター教の文化の枠組みのなかでの生存を繰り返すことで確立されたパターンです。それが、一人ひとりのなかで実際に進行しているのです。思考は常にパターンを確立してきました。古いパターンが適切でなくなれば、別のパターンを確立します。資本主義が正しくないなら、共産主義が正しい。それが、新しいパターンです。あるいは、ヒンドゥー教やキリスト教が不都合になれば、別のパターンを作るのです。

そこで、そのパターンの反復が、物質である脳細胞そのものを条件づけます。思考は物質です。それは、みなさんご自身で発見できます。話し手が言うからではなく――そんなことには何の価値もありません――ご自分で発見なさらなければなりません。空腹なひとが食べ物とはどれほどすばらしいかを聞かされ、そして理論を詰め込まされるようなことが、それが、この国で起こっていることです。みなさんは理論やイデオロギーを詰め込まされている――仏教イデオロギー、ヒンドゥー教イデオロギー、シャンカラ派のイデオロギー、その他もろもろです。みなさんの精神は空っぽで、みなさんは言葉を詰め込まされている。それで、無秩序になるのです。だから、そのすべてを投げ捨てて新しく出発しなければならないのです。新たな出発のためには、この思考の全構造を理解しなければなりません。ところで、この思考の構造を理解できるのは、自分自身を生きている運動として理解し始めるときだけです――「理解したから、さらに増やそう」というわけにはいきません。それは死物になります。みなさんは文化の枠組みのなかで生きている。そしてその文化、伝統、権威がみなさんを捉えています。その意識の枠組みのなかは無秩序です。このプロセス全体を理解し、さらにそのずっと先へ行くこと――いま、わたしたちがしていることですが――それが瞑想です。

瞑想とは、決まった呪文を繰り返すことでも、規則的に呼吸することでも、ある姿勢で座ることでも、気づきを実践することでも、注意を実践することでもありません――それらはみな、実に機械的です。わたしたちは生きているものについて話しています。そして、みなさんは何世紀にもわたって、そのような機械的なことを実践してきたのです。そんな実践をしてきたひとたちは死んでいますし、そのビジョンは、彼ら自身の過去からの、彼ら自身の条件づけからの投影です。けれども、わたしたちは生きた瞑想について話しているのであって、機械的で反復的な鍛錬のような瞑想について話しているのではありません。瞑想とは何かがわからなければ――死が何かがわからないのと同じく――新しい文化もないし、何も新しいものは生まれません。

ご存じでしょうが、文化とは、最もすばらしいものの一つです。みなさんが際限なく語る死んだ文化のことではありませんよ。インド文化、ヒンドゥー教の文化――それは埋められたもの、過ぎ去り、終わったものです。生きた文化とは、いま実際に起こっていることです。混乱を、めちゃくちゃを、恐ろしい悲惨さを見ること、そして、そこから離れて成長し、花開くこと――それが文化であって、死んだ親のもとに戻っていくことではないのです。

さて、わたしたちはご一緒に、瞑想とは何かを発見しようとし、そこへ向かってともに旅をしようとしています。その問いかけができるのは、みなさんがご自分自身をきちんと知ったときだけです。ご自身を知らなければ、ご自身を理解していなければ、できるかぎりご自身を見つめてこなければ、「瞑想とは何か?」と問うことはできません。前にも言ったように、「ご自身を見つめる」とは、瞬時のことです。その瞬間、みなさんの総体が明らかになるのであって、時間をかけてそうなるのではありません。みなさんはご自分の目で実際に、木を、花を、隣にいるひとを見ることができます。その木や隣にいるひとについて何かイメージをもっているなら、その木やひとの総体を見ることはできません。それは明白なことです。イメージがないときだけ、完全に見ることができます。イメージは観察者で、みなさんがそこから観察する中心です。そこから観察する中心があるときには、観察者と観察されるもののあいだにはスペースがあります。いま言ったことは、それほど大した注意がなくてもおわかりでしょう。それは、ご自身で観察できます。妻の、夫の、木の、何かのイメージがあるかぎり、それは、中心であるイメージ、見ている中心としてのイメージです。ですから、観察者と観察されるもののあいだには分離があります。そこを理解することが重要です。これから、もっと詳しく見ていくことにしましょう。

まず、集中ということについての誤解を取り除いておきましょう。瞑想者や瞑想実践をしたり瞑想を教えたりする教師が好んで言うことの一つは、集中を学ばなければならない、ということです――つまり、一つの思考に集中し、その他の思考はすべて追い出して、精神を一つの思考だけに固定しなさい、というのです。これは、じつに馬鹿げた行為です。なぜなら、そのときには、みなさんは抵抗しているだけで、一つに集中しなければならないという要求と、あらゆるものへと彷徨《さまよ》いだしていく精神とが闘っているからです。そこで、一つの思考だけでなく、精神が彷徨いだしていく先にも注意を向け、精神のあらゆる動きに全的に注意していなくてはならないのです。それが可能なのは、どんな動きも否定しないとき、「わたしの精神は彷徨いだしている、散漫になっている」と言ったりしないときだけです。散漫などということはありません。なぜなら、精神が彷徨いだしているときは、何か別のものに関心をもっていることを示しているからです。

ですから、コントロールという問題全体を理解しなければなりません。しかし、残念なことに今夜は時間がないので、そこに深入りできません。わたしたち人間はそれほどにコントロールされていて、死んだ存在なのです。だからといって、わたしたちがしたいことをして爆発しなければならない、ということではありませんよ――どちらにしろ、わたしたちは密かにそうしているのですけれどね。さて、規律は愛とともに生じます。それについて急いでお話いたしましょう。

瞑想は、思考のコントロールではありません。思考がコントロールされているとき、瞑想は精神に葛藤を生み出すだけです。けれども、思考の構造とその発生源を理解したときには、いま説明したように、もう思考は邪魔をしないでしょう。ですから、思考にはそれなりの場所があるとおわかりになるでしょう――つまり、みなさんは事務所へ行かなければならず、自宅へ戻らなければならず、言葉を話します。そこでは思考が機能しなければなりません。しかし、思考の構造の総体を理解したとき、その思考の構造の理解そのものが、おのずから規律をもちます。それは模倣ではないし、抑圧ともまったく関係がありません。

脳細胞は、与えられたパターンのなかで生き延びるように条件づけられてきました――ヒンドゥー教徒、イスラム教徒、ゾロアスター教徒、キリスト教徒、カトリック教徒、共産主義者として。脳は、何世紀も何世紀ものあいだ、生き延びるように条件づけられてきたので、反復というパターンを有しています。そこで、脳自身が、落ち着かない探究の主たる要素になります。ご自分で調べてみれば、おわかりになるでしょう。

そこで、問題は脳細胞自身に絶対的な静寂をもたらすことで、それは、自己の重要性や自己の存続を求めない、ということを意味しています。おわかりですか？　わたしたちは肉体的なレベルで生き延びなければならず、そして、心理的なレベルで死ななければならないのです。心理的なレベルで一千もの昨日に対する死があるときにのみ、脳細胞は静かになります。そして、その状態は、どんなかたちの思考の操作、呪文の反復を通じても、やってきはしません――そんなことはすべて幼稚です。みなさんが思考の動きの全体を理解したときにのみ、つまり、みなさん自身ですが、それを理解したときにのみ、その状態はやってきます。そこで、脳細胞はとてつもなく静かになり、外的な反応に応答する以外にはどんな動きもなくなります。

さて、脳自身が静かになり、精神の総体が完全に沈黙します。そして、その沈黙は生きています。それは、どんなグルの、どんな書物の、どんな僧院のどんな指導者の、どんな権威の、どんなドラッグの産物でもありません。ドラッグや化学物質を摂取して、精神を静かにすることはできます。あるいは、自己催眠で静かになることもできるでしょう。けれども、それは、自らのなかに深く入っていった精神の――したがって、とてつもなく注意深くて高度に鋭敏な、生きている静かさではありません。そのような精神だけが、愛とは何かを理解できます。愛は、欲望や快楽ではありません。わたしたちがもっているのは、欲望と快楽だけです。わたしたちは、それを愛と呼びます。「わたしは妻を愛している。神を愛している」等々――そのすべては、恐怖と快楽、そして感覚に根ざしています。

さて、理解し、ほんとうにその状態に入っていったひとは、まず自分自身のなかに秩序をもたらすでしょう。自分自身のなかに秩序があれば、世界にも秩序が生まれます。みなさんのそれぞれが、ほんとうに自分のなかに秩序をもたらすなら、みなさんには、生きている秩序、新しい社会、新しい生が実現するのです。けれども、そのためには、生の古いパターンを壊さなければなりません。生の古いパターンを壊せるのは、自分自身の理解を通じてだけであり、その理解から愛が生まれます。

ご存じでしょうが、ひとは際限なく、愛について語ってきました。汝の隣人を愛せ。神を愛せ。親切であれ。けれどもいま、みなさんは親切でも寛容でもない。みなさんは何の愛もない自分自身にかまけています。そして、愛がなければ、あるのは悲しみだけです。これは、繰り返すべきただの警句ではありません。みなさんはそれを発見し、それと出会わなければならないのです。そのためには、懸命になって励まなければなりません。自分自身を理解し、絶え間なく情熱的に励まなくてはならないのです。情熱は欲望ではありません。情熱が何なのかを知らないひとは、決して愛を知ることはないでしょう。愛が生まれるのは、全的な自己放棄があるときだけです。そして、愛だけが秩序を、新しい文化を、新しい生き方をもたらすことができるのです。

J．クリシュナムルティ作品集　第十七巻
一九六七年　ボンベイにおける第三の講話

4. 悲しみの終わり

今日は今回の最後の講話です。これまでの三回の講話で、ひとはどの方向に向かって進んでいくべきかを、だいたいはお話したと思います。なぜなら、みなさんもご存じのように世界はますます混沌として、ますます暴力的に、ほとんど無政府主義的、反社会的にすらなっているからです。戦争があり、あのような搾取が、非情な効率、誤った経営、悪い政府等々があります。問題はいくらでも数え上げられます――わたしたち一人ひとりが真っ向から見つめるべき問題です。わたしたちは自分たちの貪欲、悲しみ、葛藤、快楽への欲望、支配欲、地位追求をもとに世界を創り出してきました。

おびただしい問題のすべてをもっと細かく数え上げることもできます。ですが、問題にぶつかっているとき、それをあげつらったり説明したりしても、ほとんど価値はありません。そして残念なことに、わたしたちは説明することでいとも簡単に満足してしまいます。わたしたちは言葉が実際に問題を解決するだろうと考える。だから、滝のような言葉になります。この集まりだけでなく、世界中がそうです。誰もが際限なく語り、数えきれないほどの理論が、新しいイデオロギーが、そして残念なことに――政治的、宗教的な――新しい指導者たちがいて、他者が何をすべきか、何を考えるべきかを説得するあらゆるかたちのプロパガンダがあります。そして、どのように考えるかを発見するのは最も難しいことの一つです。わたしたちの問題は社会的、経済的等々だけではなく、それよりも、はるかに宗教的であり、意識全体の危機の問題なのです。そして、ひとが言葉に、説明に、定義に頼るなら、それはほぼ無意味になるのです。この講話シリーズは何を考えるかではなくて、どのように考えるかを指摘してきたはずです。わたしたちはプロパガンダの奴隷です。わたしたちは何を考えるかを指示されてきました――ギーター、コーラン、聖書、聖職者、マルクスレーニン主義、数えきれないイデオロギーを。ですが、わたしたちはどうやって非常に深く考えるかを、思考の限界を見てとるかを知らないのではないかと、わたしは危惧しています。

わたしたちの主要な問題の一つは、それはたぶん唯一の問題なのですが、悲しみです。ひとは悲しみを終わらせるために、ありとあらゆるかたちの解決策を試みてきました。そこから逃げようとして、崇拝し、たくさんの説明を与えてきました。しかし、ひとは生まれた瞬間から死ぬまで、終わりなく、この悲しみの、この悲哀のなかで生きています。この問題を言葉によってではなく、観念や説明によってでもなく、実際に絶え間ない悲しみの流れから歩み出ることによって解決するまでは、人々が抱える問題は増殖し続けていくだろうと、わたしは思います。みなさんは非常に豊かかもしれないし、権力を、立場を、特権を、地位をもっているかもしれません。非常に頭がよいかもしれず、世界中の頭脳を、膨大な情報を動員するかもしれません。ですが、それらすべては人間の要求を、つまり、悲しみという最も基本的な問題の一つをぜひとも解決しなければならない、という緊急事態を解決することにはならないだろうと思うのです。なぜなら、悲しみの終わりが智慧の始まりであるからです。智慧は――悪賢さでも知識でもイデオロギーでもありません――悲しみの終わりにだけ現われるからです。そして智慧がなければ、人類の問題は外面的にも内面的にも解決しません。

歴史的に見ても、また自分の人生や日々の活動を見てもわかるように、ひとは快楽と悲しみの原理に囚われています。わたしたちは快楽に導かれている。わたしたちのほとんどは快楽だけを求め、とても巧妙に快楽を追求します。真理を追求しているとき――宗教的なひとはそう言います――わたしたちはやっぱり、この快楽の原理を追求しているのです。どんなかたちにせよ、快楽があるところには悲しみもあるのです。もう一方なしに片方だけを追求することはできません。感覚的な快楽、感覚的な喜びだけでなく――もう少し洗練されているなら、もう少し文化的なら、もう少し知的なら――改革の快楽、善行の快楽、社会変革の快楽もあります。その他、本を書く、政界に入るというような、欲望を満足させるための限りない活動は、それらはみな、快楽の継続です。自分の人生を観察するなら、そもそも気づきがあるなら、なんとはなしにでも気づいているなら、わたしたちは自分の性向や気質によって導かれていることを見出すでしょう。性向と気質は、もっともっと大きな快楽が欲しいという、この絶え間ない欲求の結果です。結局、すべての美徳は、この快楽の原理に基づいているのです。そんな快楽の理解がなければ、悲しみの終わりはありません。それについて、もう少し詳しく見ていくことにしましょう。

人生のすべては快楽ですか？　それとも、葛藤と悲惨、際限のない外的、内的な戦いの連続でしょうか？　戦場になった人生――わたしたちが知っているのは、それがすべてです。わたしたちは理論を紡ぐかもしれず、理論的な概念について、社会改革について、どうあるべきかという評論について、いつまでも語り続けるかもしれません。ですが、快楽へのこのとてつもない欲求を理解しないかぎり、思うに、わたしたちは終わりのない葛藤と悲しみの流れに囚われ続けるのです。快楽を理解することは否定することではありません。なぜなら、快楽は喜びと同じく、基本的な生の欲求の一つだからです。美しい樹木を、きれいな夕焼けを、すばらしい笑顔を、木の葉にあたる光を見るとき、そのとき、みなさんはほんとうに、それを喜びます。そこには大きな喜悦があります。

美は、快楽とは別のものです。美の感覚は、建物や絵画、詩、誰かの手をとること、山や川のなかにあるのではありません――どんなに快くても、それは依然として感覚です。美は、それとはまったく違ったものです。美とは何かを実際に――知的にではなく、言葉によってではなく――理解するには、ひとは快楽を理解しなければなりません。

ご存じでしょうが、ひとは宗教を通じて、思想の崇拝を通じて、聖者や宣教師を通じて、ヒンドゥー教の托鉢僧《サンニャーシン》や世界中の僧侶によって、快楽を否定されてきました。彼らは一貫して、ひとに対し快楽を否定してきました。それは間違っている、邪悪なものだ、捨てなければならない、と言うのです。快楽に満たされた精神は、あるいは快楽を追求する精神は、決してリアリティを、神を発見することはできない、だからみなさんは苦行すべきだ、と言うのです。けれども、そのようなひとは、捻じれた、痛めつけられた、けちでちっぽけな精神で、神に出会うのです。社会や文化に締め上げられてきた精神は、もう、自由な、活き活きした、活気ある、有能な、恐れを知らない精神ではありません。そして、ほとんどの人間の精神は痛めつけられています。彼らはそれを知らないかもしれないし、それに気づいていないかもしれない。家族や暮らしの糧を得ること、地位を獲得することに完全に占拠されていて、自分という存在の全的な中身に気づいていないかもしれません。

ひとは常に探し求めています。目的を探し求め、目標を探し求め、満足を探し求めている。そして、最高の満足を神と呼びます。このようにわたしたちは、いつでも探して、探して、探し求めている。いつでも何かが欠けていると感じ、だから自分のなかのその欠落を、孤独を、空虚さを、疲れを、消耗を、無意味な生の存在を、たくさんの観念、意義、目的で埋めようと試み、究極的には、決して乱されることのない永遠の満足を探し求めているのです。その永遠の状態を、わたしたちはいろいろな名前で呼びます——神、三昧《サマーディ》等々。さらに名前を発明することもできます。わたしたちは際限なく探し求め、なぜ探し求めているのかとは決して尋ねません。わかりきった答えは、わたしたちが不満足だから、不幸だから、不運だから、孤独だから、愛されていないから、恐れているから、です。わたしたちにはしがみつくものが必要で、守ってくれる誰かが——父親、母親等々が——必要で、だから探し求めているのです。探し求めているときには、わたしたちは常に見出します。残念ながら、探し求めているときには、いつでも見つけるのです。

ですから、第一は探し求めないことです。おわかりですか？　みなさんは誰もが「探し求めねばならない。真理を経験しなければ、真理を発見しなければ、真理を追いかけ、追求し、追跡しなければならない。自分を律し、コントロールしなければならない」と言われてきました。それから、誰かがやってきて言います。「そんなことはするな。探し求めたりするな」と。当然、みなさんの反応は、その相手に「どこかへ行ってしまえ」と言うか、背を向けるか、あるいは、彼がなぜそんなことを言うのかを自分自身で見出すか――受け入れも否定もせず、問いかけるか――です。それでは、みなさんは何を探し求めているのでしょう?

ご自分自身に聞いてみてください。みなさんは探し求めています。みなさんは、この人生では内面的に何かが欠けている、と言います――技術的なレベル、些細な職業やお金のレベルではありません。では、わたしたちが探し求めているのは何でしょうか? わたしたちが探し求めているのは、自分のなかに、家族、社会、文化、そして自分自身への、これほどに深い不満があるからです。わたしたちは満足したい。この辛くてたまらない、破壊的な不満足感を乗り越えたいのです。では、どうして、わたしたちは満たされないのでしょう? 不満足感はいとも簡単に満たされることを、わたしは知っています。満たされていない若者に――共産主義者、あるいは革命家に――良い仕事を与えてごらんなさい。彼はすべて忘れますよ。すばらしい家、すばらしい車、すばらしい庭園、良い地位を与えれば、そんな不満足感は消え失せることがおわかりでしょう。イデオロギー的な成功をおさめる、それでも不満足感は消えます。だが、みなさんは――職業についているひとでも、もっと良い職を望んでいるひとでもなく、みなさんは――なぜ不満足なのか、とは決して問わないのです。わたしたちは、快楽と、それゆえに悲しみの全的構造と意味を検討する前に、不満足の根源的な理由を理解しなければなりません。

ご存じでしょうが、学生時代から死ぬまで、わたしたちは比較のなかで教育され、条件づけられています。わたしは自分を誰かと比較する。ご自分を見つめてください。わたしが言っていることに耳を傾け、ご自分の精神がどんなふうに活動しているかをご覧になってください。みなさんには二つの仕事があります。話し手に耳を傾けるだけでなく、その言葉を聞きながら、自分の精神状態を実際に観察するのです。ですから、話し手と話し手が語ることへの、それから自分自身の観察への確かな注意、確かな気づきが必要です。けれども、みなさんが傾聴なさるなら――理解しようと試みたり、話し手が語ることを言い換えようとしたり、非難したり、順応したり、否定したり、受容しようとするのではなくて、実際に耳を傾けるなら――話し手も、みなさんご自身も、そこには存在せず、ただ事実だけが、ただ「あるがまま」だけがあることがおわかりになるでしょう。それが傾聴という技術です。話し手に、あるいは自分の意見や判断に耳を傾けるのではなく、「実際のあるがまま」に耳を傾けるのです。わたしたちはいつも自分を誰かと比較しています。鈍重なら、もっと賢くなりたいと思う。浅薄なら、もっと深みのある人間になりたいと思う。無知なら、もっと賢くなりたい、もっと知識が欲しいと思う。わたしはいつも自分を他者と比較し、他者を基準に測っています――もっと良い車、もっと良い食事、もっと良い家庭、もっと良い思考。比較は葛藤を生みます。みなさんは比較を通じて理解するのですか？ 二つの絵を比較するとき、二つの音楽作品を、二つの夕暮れを、あの木と別の木を比較するとき、みなさんは両者をともに理解するのですか。あるいは、比較がまったくないときにだけ、理解するのでしょうか？

そこで、どんな種類の比較もなしに、決して、自分を誰かと、あるいは何らかの観念、英雄や事例と比べて解釈することもなしに生きることは可能でしょうか？ なぜなら、みなさんが比較しているとき、

「こうあるべき」あるいは「こうであった」を基準にご自分を測っているとき、みなさんは「あるがまま」を見てはいないからです。どうか、傾聴してください。これはとても単純なことで、それゆえに賢くて抜け目がないみなさんは見落としてしまうかもしれないからです。わたしたちは、この世界でどんな比較もなしに生きることは可能か、と尋ねているのです。どうか、ノーとおっしゃらないでください。みなさんはそれをまったくしてこなかった。「わたしにはそれはできない。不可能だ。なぜなら、わたしはあらゆることで比較するように条件づけられているから」とはおっしゃらないでしょうね。学校で少年は誰かと比較され、教師は言います。「きみは、あの子ほど賢くない」と。教師はBをAと比較するとき、Bを破壊しているのです。このプロセスは生涯にわたって続きます。

わたしたちは、比較は進歩に、理解に、知的成長に不可欠だと考えています。だが、わたしはそうは考えません。一枚の絵を他の絵と比較するとき、みなさんはどちらの絵も見てはいないのです。比較がないときにだけ、みなさんは一枚の絵を見ることができます。同じように、自分と誰かの心理的な比較をまったくせずに生きることは可能でしょうか？　ラーマとも、シータとも、ギータとも、誰であろうと、英雄と、あなたの神々と、あなたの観念と、まったく比較しないのです。どんなレベルでもまったく比較しない精神は、とてつもなく能率的で、とてつもなく活き活きしています。なぜなら、そのとき精神は「あるがまま」を見ているからです。

さて、みなさん、わたしは浅薄です。そして、非常に深みがあって有能で、深淵な思考と生き方の持ち主とされている誰かと、自分を比較します。浅薄で、狭隘で、限定されたわたしが、自分をそのようなひとと比較し、彼のようになろうと苦心します。わたしは模倣し、引用し、追随し、彼のようになるために自分を壊そうとします。そして、この葛藤は終わりなく続くのです。いっぽう、全然比較がないとしたら、わたしはどうやって自分が鈍重だと知るのでしょうか？　みなさんがわたしにそう言うから？　わたしが就職できないから？　学校の成績が良くないから？　比較がまったくないとしたら、わたしはどうやって自分が鈍重であると知るのでしょう？　そのとき、わたしはわたしです。わたしはその状態から動き、発見し、変化することができます。けれども、誰かと自分を比較しているときには、変化はどうしたって表面的でしょう。どうか、よくお聴きになってください。みなさんの人生なのですから。比較が全然ないなら、「あるがまま」です。そこから、わたしは動きます。これは、生の基本的な原理の一つです。現代生活は、比較し、競争し、際限なく闘い、他者との争いに囚われるように、ひとを条件づけてきました。比較がまったくないときにだけ、わたしは「あるがまま」を見つめることができます。そこで、言葉ではなく実際に、比較とは最も子供っぽくて幼稚なことだ、と理解するのです。

みなさん、愛があるところに比較はあるでしょうか？　みなさんが心から、精神を挙げて、全身で、全存在で——所有的でなく、支配的でなく、「あなたはわたしものだ」と言わずに——誰かを愛しているとき、比較がありますか？　比較がないときにだけ、「あるがまま」を見つめることができるのです。そこを理解すれば、わたしたちは先へ進んで快楽の全構造を発見し、探究することができます。

「あるがまま」を、未来だけでなく、過去の状態とも比較しないこと——それには、とてつもない注意が求められます。おわかりですか？　わたしは昨日、快楽を経験した——感覚的な快楽、とてつもない光をもたらす考え、光の満ちあふれる昨日の雲を見た。けれども、いまはぜんぜん見ることができません――それを取り戻したい。そこで、わたしは現在をこうであったことと比較し、こうあるべきことと比較するのです。この比較による評価から自由になるには、とてつもない英知と感受性が必要です。完全な英知と感受性がなければならないのです。そのときにだけ、ひとは「あるがまま」を理解することができます。すると、ご自分が情熱的であることがわかり、そのときには、「あるがまま」を追求するエネルギーを有しています。けれども、「あるがまま」を「こうであった」と、あるいは「こうあるべき」と比較しているときには、そのエネルギーを失ってしまうのです。

さて、これで明確になっているといいのですが――知的にではありませんよ。そんなのは何の意味もありません。そのくらいなら、さっさと立ち上がって出て行ってしまっても同じことです。けれども、ほんとうに理解したなら、そのとき、みなさんは快楽を見つめることができます。昨日経験した快楽と比べるのでも、明日経験するだろう快楽と比べるのでもなく、快楽を求めている実際の精神を見つめるのです。ひとはただ「わたしは快楽が欲しい」と言うのではなく、この快楽の原理を理解しなければなりません。快楽が欲しいなら、それとともに苦痛も悲しみももたねばならないのです。一方だけ、というわけにはいきません。そして、どんなかたちであれ、快楽を追求するなら、みなさんは葛藤の世界を創り出しているのです。「わたしはヒンドゥー教徒だ」と――その他、自分自身に与えるあらゆるレッテルです。おわかりですね――そのように言うとき、みなさんは非常に重要になります。ある川を崇拝するときには、他のすべての川を否定するのと同じように。一つの家族が何よりも重要になるなら、他のすべての家族を否定することになります。だから、家族は危険なのです。ある木を、ある神を崇拝するとき、みなさんはすべての木、すべての神を否定します。それがいま起こっていることです。ご自分の小さな国を崇拝するとき、みなさんは他のすべての国を否定します。すると、戦う用意が、戦場に赴き、互いに殺し合う用意ができるのです。

ですから、快楽は神々の崇拝のなかに、真理の追求のなかに、「わたしの国」「わたしの家族」「わたしの地位」という言葉のなかにあります。こうしたすべてに快楽がかかわっていて、その快楽が甚大な害悪を創り出します。そこを否定するのではなく、理解するのです。なぜなら、否定した瞬間、みなさんは腕を切り落とすか盲目になったのと同じで、美しい雲を、美しい女性を、きれいな木を見る快楽をもつことがなくなるからです。ですから、わたしたちは快楽のとてつもない重要性と、それがどう生まれ出るのかを理解する必要があります。そして、理解したとき、みなさんは快楽がどんな意義をもっているかがおわかりになるでしょう。これから、それを見ていこうと思います。

ご存じでしょうが、みなさんは世界の宗教的なひとたちに「欲望をもってはいけない」と言われてきました。「欲望をもたないように努力しなくてはいけない」「欲望のない存在にならなければいけない」というのは、いわゆる宗教的なひとたちの決まり文句です。けれどもそれは、まったくのナンセンスです。なぜなら、何かを見るとき、みなさんはすでに欲望を抱いているからです。欲望は反応です。輝く色彩を見るとき、それをしっかり見つめてださい。色彩は最も美しいものの一つですね。色彩は神です。それを見つめてください。「わたしは赤が好きだ」とか「わたしはブルーが好きだ」と言わずに、ただ雲の色を、サリーの色を、春に芽吹き始めたばかりの新芽の色を観察してください。そうやって見つめるとき、みなさんは、そこには快楽はまったくなく、ただ美があるだけだ、と気づくでしょう。美は愛と同じで、欲望ではなく、快楽でもないのです。

そして、この欲望という問題全体を理解することが重要ですが、それはとても単純です。わたしには、どうして人々がそれについて大騒ぎをするのかわかりません。それがどのように現われるか、みなさんは知ることができます。知覚があり、つぎに感覚、接触があって、欲望です。おわかりになりますか？わたしは美しい自動車を見る——まず知覚です。それから感覚を感じ、そして触れる。それから、所有したいという欲望が生まれます——欲望です。まず見る、知覚です。それから、観察、感覚、接触、欲望です。そんな単純なことです。さて、ここで問題が始まります。思考がやってきて、その欲望について考える。それが快楽になります。わたしが深い渓谷にそびえる、朝日に輝く雪に覆われた山を、荘厳で壮麗な山を見ます。わたしは山を見る。すると思考が言い始めます。「なんと美しい！　わたしはいつまでもあの山を見ていたい！」と。思考——それは見るものに応答する記憶です——は言います。「ここに住みたい！」と。あるいは美しい顔を見ます。そして、その顔のことを考えます。すると、その顔について考え続けていることから、快楽が生じます。セックス——かつて経験した、そしてそれについて考える快楽、イメージ——それについて考えれば考えるほど、快楽が増します。それから欲望です。思考が快楽の継続をもたらすのです。よく見つめてみれば、とても単純です。

そこで、ひとは問います。「思考が欲望に触れないことは可能だろうか？」と。おわかりになりますか？　それが、みなさんの問題です。とてつもなく美しい何かを、生命力と美にあふれた何かを見るとき、決して思考に介入させないことです。なぜなら、思考が触れたとたん、思考は古いものですから、それを快楽に歪曲してしまい、そこで快楽への欲求が生じて、もっともっと多くの快楽を欲しがるからです。そして、それが与えられないと葛藤が起こり、恐怖が生まれます。それでは、思考なしに何かを見つめることは可能でしょうか？　見つめるためには、みなさんはとてつもなく活き活きとしていなければならない、麻痺していてはいけないのです。けれども、宗教的なひとたちはみなさんに言ってきました。「精神が麻痺したまま、不自由のまま、リアリティと向かい合いなさい」と。しかし、精神が不自由のままでリアリティと向かい合うことは決してできません。リアリティを見るには、明晰な、歪んでいない、無垢の、混乱していない、痛めつけられていない、自由な精神がなければなりません。そのときにだけ、みなさんはリアリティを見ることができます。木を見るなら、澄んだ目で、イメージなしに見つめなければならないのです。思考が欲望について考えるとき――思考はいつも欲望について考えているでしょう――そこから、快楽が生まれます。対象について思考が創り出したイメージがあり、そのイメージを、シンボルを、絵を、常に考え続けることで快楽が生まれるのです。みなさんが美しい顔を見る。その顔を見つめます。思考が言います。「なんと美しい顔だ、なんとすてきな顔だ、なんとすてきな髪だ」と。思考はそれについて考え始める。それが快楽です。

思考なしに何かを見るとは、思考を止めるべきだ、という意味ではありません――肝心なのはそこではないのです。しかし、思考が欲望に介入したときには気づかなくてはいけません。欲望とは、知覚、感覚、接触なのだ、と心得ていなくてはいけません。この欲望のメカニズム全体に気づき、思考が降ってきたときには、すぐにそれに気づかなければならないのです。そのためには英知だけでなく、気づきも必要です。みなさんは何かとてつもなく美しいものを、あるいはとてつもなく醜いものを見たときには、気づいていなくてはいけません。そのとき、精神は比較しません。美は醜ではないし、醜は美ではありません。ですから、快楽を理解するとともに、悲しみについて調べることができるのです。

悲しみを知ることなしには、何をしようとも——社会的な梯子《はしご》や官僚の梯子、宗教的な梯子、政界の梯子の頂上まで登り詰めても——みなさんは神の名においてか、国の、政党の、社会の、イデオロギーの名において、常に害悪を創り出すでしょう。みなさんは害悪を垂れ流すことになります。それは明らかです。

さて、悲しみとは何でしょう？　ここでも、どうか、「あるべき」ではなく、「あるがまま」を見つめてください。なぜなら、いま、探究しているなら、みなさんはもう比較せずに、「あるがまま」を実際に見つめているからです。したがって、見つめるためのエネルギーをもっていますし、エネルギーが比較で浪費されることもありません。人間の問題の一つは、どうやってエネルギーを有するか、ということです。ここでも、ちっぽけで狭量な精神の持ち主である宗教的なひとたちは言ってきました。「エネルギーを有するためには独身でないといけない。エネルギーを有するためには飢えなければ、断食しなければならない。一食ですませて腰布をまとい、午前二時に起床して祈りなさい」と。こんなのは馬鹿げています。これでは自分自身を破壊してしまうし、エネルギーを破壊してしまうからです。エネルギーは「あるがまま」を見つめるときに生まれます。つまり、比較でエネルギーを浪費しない、ということです。

わたしたちは「悲しみとは何か?」と尋ねています。人間は長年、多くのやり方で――崇拝を通じて、逃避を通じて、飲酒を通じて、娯楽を通じて――悲しみを克服しようと試みてきましたが、悲しみは常に存在します。悲しみは、何であれ他のものごとを理解するように、理解されなければならないのです。否定せず、抑圧せず、克服しようとしないでください。そうではなく、理解してください。それが何なのかを見つめてください。悲しみとは何でしょう? みなさんは、悲しみとは何かをご存じですか? わたしから言わなくてはいけませんか? 悲しみは愛していると思う相手を失ったときにあります。悲しみは全的に完全に満足できないときに、悲しみはチャンスや能力を否定されるときに、悲しみは満たされたいのに満たす術《すべ》がないときに、悲しみは自らのどうしようもない空虚や孤独と直面するときに、悲しみは自己憐憫にうちひしがれるときにあります。みなさんは「自己憐憫」とは何かをご存じですか? 自己憐憫とは、意識的、もしくは無意識的に、自分自身に不満なときです。自分を憐れむとき、「自分のいる、自分の置かれた環境に逆らって、何かをすることができない」と言うときです。自分を厄介者と呼んで、自分の運命を嘆くときです。そこに悲しみがあるのです。

悲しみを理解するには、まず、この自己憐憫に気づいていなければなりません。それは悲しみの要素の一つです。誰かが亡くなったとき、みなさんは残され、自分がどれほど孤独かに気づきます。あるいは誰かが亡くなり、一文無しで取り残されると、先の恐怖に心細くなります。誰かをあてにして生きてきたので、不満を言い始め、自己憐憫に陥ります。ですから、自己憐憫は悲しみの原因の一つです。それは事実です。みなさんが孤独だというのが事実であるように。それが「あるがまま」です。自己憐憫を見つめてください。克服しようとしたり、否定したり、「わたしはこれをどうすればいいんだ」と言ったりしないでください。事実は事実です。自己憐憫があるのです。事実は事実です。みなさんは孤独です。それを何の比較もなしに、お金があった、あのひとがいた、あの能力があった、昨日はなんと安定していたのだろう、と思ったりせずに――何であれ、そんなことをせずに見つめることができますか？　ただ見つめるのです。そうすると、自己憐憫にはまったく居場所がないことがわかるでしょう。それは、条件をそのまま受け入れる、という意味ではありません。

悲しみの要素の一つは、とてつもない孤独です。みなさんには伴侶がいるかもしれないし、神々がいるかもしれないし、おびただしい知識があるかもしれません。社会的にとてつもなく活動的で、際限なく世界のゴシップを――それに、ほとんどの政治家のゴシップを――語っているかもしれませんが、それでも、この孤独は依然として残っています。ですから、人間は人生の意義を見つけようと探究し、意義を、意味を発明します。けれども、依然として孤独は残ります。では、みなさんはどんな比較もなしに、ただあるがままをあるがままとして、そこから遠ざかろうとせず、覆い隠そうとせず、逃げようとせずに、見つめることができますか？　そのときには、みなさんは孤独がまったく違った何かになることがおわかりになるでしょう。

ひとは単独者、独りであるべきです。わたしたちは独りではありません。わたしたちは、一千もの影響の、一千もの条件づけの、心理的遺産の、プロパガンダの、文化の結果です。わたしたちは単独者ではない。だから、中古の人間です。単独者であるとき、全的に独りであるとき、たとえ家族がいてもどんな家族にも属していないとき、どんな国家にも、どんな文化にも、どんな具体的な活動にも属していないとき、部外者《アウトサイダー》としての感覚があります——あらゆるかたちの、思考、行動、家族、国家からの部外者です。そして、完全に独りであるひとだけが無垢なのです。その無垢が、精神を悲しみから解き放ちます。

そして、悲しみにうちひしがれている精神は決して、愛とは何かを知ることはないでしょう。みなさんは愛とは何か、ご存じですか？　観察者と観察されるもののあいだにスペースがあるとき、愛はありません。

スペースとは何か、みなさんはご存じですか？　みなさんとあの木のあいだ、みなさんとみなさんがこうあるべきだと考えていることのあいだのスペースです。中心あるいは観察者がいるとき、スペースが存在します。それを理解なさっていますか？　これもまた、とてもシンプルなことであり、それがずっとあとには、とてつもなく複雑になります。ですが、最初はシンプルなところから始めましょう。話し手の前にマイクロフォンがあります。このマイクロフォンはスペースのなかに存在します。ですが、マイクロフォン自体もスペースを創り出しています。四つの壁に囲まれた家があります。外側にスペースがあるだけでなく、四つの壁の内側にもスペースがあります。そして、みなさんとあの木のあいだに、みなさんと隣人のあいだに、みなさんとみなさんの奥さんのあいだに、スペースがあります。みなさんと隣人とのあいだ、奥さんとのあいだ、ご主人とのあいだ、あるいは誰かとのあいだにスペースがあるかぎり、そのスペースは、スペースを創り出している中心があることを意味しています。ここまでは、おわかりになりましたか？　みなさんが星々を見るとき、そこには星を見上げているみなさんと、さわやかな空気のなかで星が輝く澄んだ夜空があります――みなさん、観察者と観察されるものです。

ですから、みなさんがスペースを創り出している中心なのです。あの木を見るとき、みなさんは自分自身と木についてのイメージをもっています。そのイメージが見ている中心であり、したがって、スペースが存在するのです。さっきも言いましたように、スペースが存在しないときに愛があります――つまり、観察者が自分と木のあいだに創り出すスペースがいっさい存在しないときです。みなさんは奥さんについてイメージをもっていて、奥さんもみなさんについてイメージをもっています。みなさんはそのイメージを十年かけて、あるいは二年、あるいは一日で、彼女の快楽、みなさんの快楽を通じて、彼女の無礼、みなさんの無礼を通じて、築いてきました。口やかましさを通じて、支配を通じて、その他さまざまなことを通じて、築いてきたのです。そして、その二つのイメージの触れ合いが「関係」と呼ばれます。愛があるのは、イメージがいっさいないときだけです――それはスペースがないこと、感覚的なスペースも肉体的なスペースもないことを意味しています。そして、内面的にもスペースはないのです。ちょうど美があるときには、スペースがいっさいないように。

自己放棄がないときには、スペースが存在します。ご存じかもしれませんが、わたしたちは、みなさんが理解していないことについて語っています。みなさんはそれを実行したことが一度もない。みなさんは、ご自分と妻とのあいだ、自分自身とのあいだ、あの木とのあいだ、あるいは、ご自分と星空や雲とのあいだのスペースを、決して取り除いてこなかったのです。つまり、みなさんは実際に見たことが一度もないのです。みなさんは美とは何かをご存じない。なぜなら、愛とは何かを知らないからです。みなさんはそれについて語り、文章を書きますが、決してそれを感じたことがない。なぜなら、たぶんごくまれな場合はべつとして、全的な自己放棄というものを知ったことが一度もないからです。なぜなら、中心こそが、自身の周囲にスペースを創り出しているからです。そして、そのスペースがあるかぎり、愛もなく美もありません。ですから、みなさんの人生は、これほどに空虚で、これほどに鈍感なのです。

みなさんはオフィスに通う――なぜか、わたしは知りません。みなさんは言います。「わたしには責任があるから、稼がなければならないから、家族を養わなければならないから、だから行かなくてはならない」と。みなさんがなぜ何かをしなければならないのか、わたしは知りません。みなさんは奴隷であり、それだけのことです。みなさんは一本の木を見つめるとき、向かい合う人の顔を見つめるとき、決して観察したことがない。その顔を見つめるとき、みなさんは中心から見つめているのです。その中心はみなさんと相手のひとのあいだにスペースを創り出します。そして、そのスペースを克服するために、人々はＬＳＤのようなドラッグを摂取します。ドラッグを摂取すると、精神はとてつもなく敏感になる。化学的変化が起こり、みなさんはスペースが完全に消失したことを知る。わたしがドラッグを摂取しているというのではありませんよ（笑い）。そんなものは人工的な手段で、それゆえに本物《リアル》ではありません。手っ取り早いその場だけの幸せ、手っ取り早いその場だけの天国、手っ取り早いその場だけの至福です。そういう方法では本物は実現できないのです。

さて、愛と美なしには真理もありません。みなさんの聖人、みなさんの神々、みなさんの聖職者、みなさんの書物は、それを否定してきました。だから、みなさんは、これほどに悲しい苦境にいるのです。みなさんは愛についてよりも、ギーターやコーラン、聖書について語りたがるでしょう。それは、みなさんが汚れた道を、その道の薄汚さを、汚れを見ていながら、それに我慢しているということです。みなさんは汚れと協力しているだけで、いつ協力すべきではないかを知らないのです。みなさんはシステムに協力してしまい、「いや、わたしは協力しない、何が起ころうとどうでもいい」といつ言うべきかを知らないのです。しかし、そのように言う場合、それは愛しているためであり、美を有しているからで、反抗しているからではありません。そして、そうなったとき、みなさんは、美があることを知り、愛があることを知るでしょう。そして、「あるがまま」の知覚が――それは愛なのですが――それがあることを知るでしょう。そのとき、精神はそれ自身を超えて、測り知れない彼方に行くことができるのです。

ただし、そのためには、みなさんは励まなければなりません。みなさんが毎日オフィスに通うように、毎日、必死に励まなければなりません。懸命になって励まなければならないのです。愛を達成するためではありませんよ。なぜなら、謙遜を達成できないように、愛も達成することはできないからです――謙遜を達成するなどと言うのはうぬぼれ屋だけで、彼はいつだってうぬぼれているのです。謙遜と同様に、愛も培うことはできないし、美も培うことはできません。気づきがなければ、真理とは何かを見ることはできません。ですが、気づいていれば――何やら神秘的な性質の気づきではありませんよ――みなさんが、自分が何をしているかに、何を考えているかに、どのように見ているか、どのように歩いているか、どのように食べているか、何を話しているかにただ気づいていれば、その気づきから、快楽、欲望、悲しみ、そして人間のまったくの孤独と退屈さの性質が見えてくるのです。そして、その「スペース」と呼ばれるものにも出会い始めるでしょう。自分と対象物とのあいだにスペースがあるところには愛はない、と知るでしょう。

愛がなければ、何を――改革、新しい社会秩序の実現、際限ないイデオロギー的改善の議論を――しても、生まれるのは苦悩だけです。ですから、みなさん次第なのです。指導者もいなければ、グルもいません。何をすればいいか、教えてくれるひとは誰もいません。みなさんはご自分自身の光にならなくてはならない。みなさんは単独者なのです。狂った残忍な世界のなかで独りある単独者なのです。そのようなわけで、みなさんは観念の砂漠のなかのオアシスにならなければなりません。そのオアシスは、愛があるときに生まれるのです。

J. クリシュナムルティ作品集　第十七巻
一九六七年　ボンベイにおける第四の講話

Ⅱ　質疑応答

【質問1】

質問者：今日の新聞で、人類の問題を解決するために必要なのは、経済的革命でも社会的革命でもなく宗教的革命だ、というあなたの言葉を読みました。宗教的革命（religious revolution）とはどういう意味でしょうか？

クリシュナムルティ：まず、わたしたちは宗教という言葉をどんな意味で使っているかを見てみましょう。わたしたちのほとんどにとって、宗教とは――宗教はどうあるべきか、という議論ではなく、実際の事実として、何なのでしょう？　わたしたちのほとんどにとって、宗教とは明らかに、一連の教義、伝統、ウパニシャッド、あるいはギーター、聖書が語っていることです。あるいは、わたしたちの条件づけられた精神、ヒンドゥー教徒、キリスト教徒、あるいは共産主義者のパターンにしたがって形成された精神から生まれてくる経験やビジョン、希望、観念によって成り立っています。わたしたちは特定の条件づけから始まって、それに基づいて経験します。わたしたちが宗教と呼んでいるのは、祈祷、儀式、教義、神を発見したいという望み、権威の受け入れ、そして大量の迷信です。そうではありませんか？　しかし、それが宗教でしょうか？　真理とは何かをほんとうに発見しようとするひとは、そんなものはすべて投げ捨てなければならないのは確かです。そうではありませんか？　グルの権威、ウパニシャッドの権威、それに自分自身の経験の権威も、すべて投げ捨てなければならない。すべての権威を捨ててきれいになった精神であれば、発見が可能になるからです。つまり、みなさんはヒンドゥー教徒、キリスト教徒、仏教徒であることをやめなければならない。そうしたこと全体《ビジネス》の馬鹿馬鹿しさを見て、そこから脱出しなければならないのです。しかし、そうなさるでしょうか？　なぜなら、それをすると、みなさんは現代社会に反対することになって、職を失うかもしれないからです。それで、恐怖が精神を支配し、みなさんは権威を受け入れ続けるのです。

ですから、わたしたちが宗教と呼んでいるものは、ぜんぜん宗教などではありません。わたしたちが神を信じるか信じないかは、わたしたちの条件づけに左右されます。みなさんは神を信じ、共産主義者は神がいないと信じている。どこが違うのでしょう？　違いなど、まったくありません。なぜなら、みなさんは信じるように訓練されており、彼は信じないように訓練されているからです。したがって、真剣に探究しようとするひとは、そんなプロセスを全面的に拒否するべきなのです。そうではありませんか？　否定するのは、彼がその全体的な意味を理解するからです。

不安定で、怯えていて、内面的に満たされていないわたしたちは、国と、イデオロギーと、あるいは神への信仰と、自分を同一化します（identify）。それで世界がどうなったかは、見ればわかります。あらゆる宗教は、愛を、兄弟愛を、その他もろもろを明言しますが、実際にはひととひとを分断しています。あなたはシーク教徒で、わたしはヒンドゥー教徒だ。彼はイスラム教徒で、誰それは仏教徒だ。このような混乱と分断を見れば、ひとは別の種類の思考が必要だと気づきます。しかし、別の種類の思考は、ひとがヒンドゥー教徒やキリスト教徒、その他の何であれ、それに留《とど》まっているかぎり、明らかに現われません。そのすべてから自由になるには、みなさんはご自分自身を知らなければならない、自分という存在の全構造を知らなければならないのです。なぜ自分は権威を受け入れるのか、なぜ権威に従うのかを見なくてはならない。それはかなり、わかりきったことです。みなさんは成功したい、困ったときにすがれる神がいると安心したいのです。ほんとうに明るくて幸せなひとは、決して神のことなど考えません。わたしたちが神について考えるのは、惨めなとき、葛藤しているときですが、その悲惨さ、葛藤は、わたしたちが創り出したもので、そのプロセス全体を理解しないかぎり、神を追求してもまったくの幻想に導かれるだけです。

ですから、わたしが言う宗教的革命とは、どの特定の宗教の復活でも改革でもなく、すべての宗教とイデオロギーからの全的な自由です――つまり、それらを創り出した社会からのほんとうの自由です。たしかに、野心的なひとは宗教的な人間ではいられません。野心的なひとは、いくら愛を語ったとしても、愛を知らないのです。それから、世間的な意味では野心的でなくても、聖人になりたい、霊的な存在になりたいと願うなら、あの世での結果を獲得したいと願うなら、やはり野心的です。ですから、精神はあらゆる儀式、信仰、教義を捨て去るだけでなく、嫉妬からも自由でなければなりません。全的な自由、それが宗教的革命です。そのときにはじめて、ひとはまったく違ったやり方で生と取り組むことができるし、次から次へと問題を創り出すのをやめられるからです。

いままでの話を、みなさんは言葉として、頭で聞いているだけなのではありませんか。そして、こう独り言を言っているのではないでしょうか。「何の野心もなかったら、人生で何をしたらいいんだ?

わたしは社会に潰されてしまうぞ」。さあ、みなさんは社会に潰されてしまうでしょうか。みなさんが社会を理解し、社会が依って立つ基盤の全構造を――野心、嫉妬、成功追求、宗教的教義、信仰、迷信を――拒否したとき、みなさんは社会の外にいるので、問題全体を新しく考えることができます。たぶん、そのときには何の問題もなくなっているでしょう。しかし、みなさんはきっと言葉のレベルで話を聞いていただけで、明日もいままでと同じことを続けるのでしょうね。ギーターあるいは聖書を読み、グルや聖職者のもとへ通う等々のことを続けるでしょう。みなさんはいままでの話を聞いて、知的に、言葉的には受け入れたかもしれません。しかし、みなさんの生そのものは、それとは反対の方向に向かい続けます。ですから、もう一つの葛藤を創り出しただけになるでしょう。それなら、まったく聞かないほうがはるかにましです。なぜなら、新しく付け加えなくても、みなさんには充分な葛藤が、充分な問題があるのですから。この場にいらっしゃって話を聞くのはたいへん結構ですが、それがみなさんの実際の人生と何の関係もないのなら、耳を閉じていたほうがはるかにましです。真理を聞いても、そのとおりに生きないのであれば、みなさんの人生は恐ろしく混乱し、悲しいことになりますから。

J．クリシュナムルティ作品集　第十巻
一九五六年十月十日、ニューデリー

【質問2】

質問者：わたしたちは戦争を恐れ、仕事に就いていれば失職を恐れ、テロを恐れ、子供たちの暴力を恐れ、無能な政治家たちのなすがままであることを恐れて暮らしています。今日のような状態で、どのように人生と取り組んだらいいのでしょうか？

クリシュナムルティ：みなさんはどんなふうに取り組んでいるのですか？　世界がますます暴力的になっていることは認めざるを得ません――それは明らかですから。戦争の脅威はきわめて明白ですし、子供たちが暴力的になっているという非常に奇妙な現象もそうです。しばらく前にインドで、ある母親が会いにきたのを思い出します。インドの伝統では、母親はとても尊敬されるはずなのですが、この母親は怯えていました。子供たちに殴られると言うのです――そんな話はインドではいままで聞いたことがありませんでした。この暴力は世界中に広がっています。それに、質問者がおっしゃったように失業の恐怖もあります。そのようなすべてに直面し、そのすべてを知って、今日のような状態で、ひとは人生にどう取り組んだらいいのでしょう？

わたしにはわかりません。自分がどう取り組むべきかは知っていますよ。けれども、みなさんがどう取り組もうとするかはわかりません。第一に、人生とは何でしょう。この存在と呼ばれるものとは何なのでしょう。あふれる悲しみ、人口過剰、無能な政治家、さまざまな策略、不誠実さ、世界に横行する賄賂。ひとは人生にどう取り組んだらいいのでしょう？　たしかに、生きるとは何を意味するのかを、まず探究すべきでしょう。いまのような世界で生きるとは何を意味するのか？　わたしたちは日常生活を、理論的にではなく、実際にどう生きればいいのでしょう？　哲学的にでも理想的にでもなく、実際に日常生活をどう生きたらいいのでしょう？　真剣に調べるなら、あるいはそれに気づいているなら、絶え間ない闘い、苦闘、努力の連続であることがわかります。朝起きなければならない。それも努力です。わたしたちはどうすればいいのでしょう？　たぶん、そこから逃れることは不可能です。こんな世界で生きることはできないと言って、どこかヒマラヤの山中に入って消えてしまったひとたちを知っています。それはただの回避、現実からの逃避です。コミューンに隠れたり、広大な屋敷をもつグルのもとへ行ってそこに隠れたりするのも同じです。明らかに、そのひとたちは日常生活の問題を解決していないし、社会の変化、心理的な革命を探究してもいないのです。彼らはそのすべてから逃げている。では、逃げずにこのような世界で実際に生きていくとしたら、わたしたちは何をすべきなのでしょう？　わたしたちは人生を変えられますか？　まったく葛藤のない——なぜなら、葛藤は暴力の一部ですから——人生にできますか？　何かであろうとする、その絶え間ない苦闘が人生の基本です。苦闘、苦闘なのです。

わたしたちは人間としてこの世界に生きながら、自分自身を変えられるでしょうか？　これが、ほんとうに問題なのです。わたしたち自身を根源的に、心理的に変容させる。いつの日か、時間をかけて変わるのではありませんよ。真摯なひと、ほんとうに宗教的なひとにとっては、明日などありません。これはかなり厳しい言い方ですが、明日などないのです。今日への豊かな崇拝があるだけです。わたしたたちはこの生を全的に生きて、実際に日々、お互いの関係を変容させていくことができるでしょうか？　これが、ほんとうの課題であり、世界とは何か、ではないのです。世界はわたしたちなのですから。どうか、そこを見てください。世界はみなさんであり、みなさんが世界です。これは、明白な恐るべき事実で、全面的に取り組まなければならない課題です――つまり、すべての醜さをひっくるめた世界がわたしたちであること、わたしたちがあらゆることに力を貸していること、あらゆることの責任がわたしたちにあること、中東で、アフリカで起こっていることや、この世界で進行しているあらゆる狂気の責任がわたしたちにあることを自覚する、ということです。わたしたちは祖父や曾祖父の行為――奴隷制やおびただしい戦争、帝国の残虐さ――には責任がないかもしれない。ですが、わたしたちはその一部です。わたしたちが責任を感じないなら――つまり、わたしたちに徹底的に責任があるということですが――自分たちがしていること、考えていること、ふるまい方への責任を感じないなら、希望はほぼなくなります。わたしたちはいまの世界がどうあるかを知っているし、このテロの問題が個々人の力では解決できないことも知っています。市民の安全を守り、保護するのは政府の問題ですが、政府はどうやら意に介していないようです。それぞれの政府がほんとうに自国民の保護を考えているなら、戦争などは起こらないはずです。しかし、明らかに政府は正気を失っていて、党派政治や自分の権力、地位、特権にしか関心がない――このすべては、そんなありさまであることは、みなさん、ご存じですね。

それでは、時間を、つまり明日を、未来を認めないとして、わたしたちは今日だけが重要だという生き方をすることができるでしょうか？　それは、わたしたちが自分の反応に、自分の混乱に、とてつもなく鋭敏でなければならない、ということを意味します——自分自身と必死に取り組まなければならないのです。明らかに、わたしたちにできるのはそれだけです。それをしないなら、ほんとうに人間にとっての未来はありません。みなさんは最近の新聞の見出しを見ていらっしゃるでしょうか——すべてが戦争の準備をしている。そして、何かに向かって準備をしていれば、必ずそのようになります——ご馳走の準備をするのと同じです。世界の普通のひとたちは、どうやら、どうでもいいと思っているようです。知的、科学的に武器の製造にかかわっているひとたちも、意に介していません。そのひとたちは自分のキャリア、自分の職業、自分の研究にしか興味がないのです。そして、ごく普通のわたしたちが、いわゆる中産階級ですが、もし、わたしたちが意に介さないでいるなら、ほんとうに負けを認めることになります。悲劇は、わたしたちが意に介する気配がないことにあります。わたしたちは協力しないし、一緒に考えないし、一緒に働きません。わたしたちは機構や組織に参加することには熱心で、そういうものが戦争を止めてくれるだろう、殺し合いを止めてくれるだろう、と期待します。でも、そんなことはいままでにも決してありませんでした。機構や組織は決してそれらを止めることはないでしょう。ここにかかわっているのは、人間の心、人間の精神です。どうか、わかってください。決して大げさに言っているのではありません。わたしたちはほんとうに、非常に危険なものと直面しています。わたしたちはこうしたすべてに関与している著名人の何人かと会ってきましたが、彼らは意に介していませんでした。けれども、わたしたちが関心をもち、日常生活を正しく生きるなら、わたしたち一人ひとりが日々何をしているかに気づいているなら、いくらかは未来への希望があると、わたしは思います。

Meeting Life（邦訳『生と出会う』コスモス・ライブラリー）

【質問3】

質問者：あなたはどうして実効的な方法で世界を助けずに、説教して、時間を無駄にしているのですか？

クリシュナムルティ：それでは、「実効的（practical）」とはどういう意味でしょう？　あなたがおっしゃるのは、世界を変える、経済的にもっとよく調整する、富の分配を改善する、良い関係を築く――あるいは、もっと乱暴に言えば、あなたがもっと良い職業につけるようにする――ということですか？　あなたはこの世界の変化を見たがっていて――知的なひとは誰でもそうですが――その変化をもたらす方式（method）が欲しい。だから、なぜわたしが何かを行なう代わりに説教をして時間を浪費しているのか、と尋ねているのです。では、わたしが実際にしていることは時間の浪費でしょうか？　時間の浪費かもしれません。もし、わたしが古いイデオロギー、古いパターンにとって代わる新種の観念を紹介するなら、そうかもしれませんね。あなたがわたしにさせたがっているのは、たぶん、そういうことでしょう。けれども、いわゆる実効的な行動の仕方、生き方、もっと良い職業につく方法、もっと良い世界を創造する方法を指摘するよりも、ほんとうの革命を実際に妨げているそれらの障害が何であるかを見出すほうが重要なのではありませんか――左翼や右翼の革命ではなく、基本的、根源的な革命、観念に基づかない革命です。なぜなら、わたしたちが議論してきたとおり、観念や信念、イデオロギーや教義は行動を妨げるからです。行動が観念に基づいているかぎり、世界の変容、革命はあり得ません。そのとき、行動は単なる反応でしかなく、したがって、観念が行動よりもはるかに重要になります。それが、まさに世界で起こっていることです。そうではありませんか？　行動するには、行動を妨げている障害を発見しなければならない。けれども、わたしたちのほとんどは行動したくないのです――それがわたしたちの難しいところです。わたしたちは議論するほうが好きなのです。一つのイデオロギーを別のイデオロギーに置き換えることのほうが好きなので、それで、イデオロギーを通じて行動から逃げるのです。たしかに、これはじつにシンプルなことです。そうではありませんか？

現代の世界は多くの問題に直面しています。人口過剰、飢餓、国家的、階級的分断等々です。どうして、集まってともに国家主義《ナショナリズム》の問題を解決しようとする人々がいないのでしょう？　ですが、国籍にしがみつきながら国際的になろうとすると、わたしたちはまた別の問題を創り出します。それが、わたしたちのほとんどがしていることです。ですから、観念が現に行動を妨げているのです。おわかりでしょう。ある政治家、著名な権威は、世界は組織化できるし、そうすれば飢えるひとはなくなる、と言いました。それでは、なぜそうならないのでしょう？　ぶつかり合う観念、信念、国家主義のせいです。ですから、観念が実際に人々を飢えから救うことを妨げているのです。そして、わたしたちのほとんどは観念を弄《もてあそ》び、自分はとてつもなく革命的だと考えて、「実効的」というような言葉を使って自分を催眠術にかけています。重要なのは、わたしたち自身を観念から、国家主義から、すべての宗教的信念と教義から解放して、パターンやイデオロギーに従った行動ではなく、必要に応じた行動ができるようにすることです。そして、そのような行動を妨げている邪魔や障害を指摘することが時間の浪費ではないことは確かですし、つまらないたわごとでもないでしょう。みなさんがしていることは明らかにナンセンスです。みなさんの観念と信念は、そして政治的、経済的、宗教的解決策は、実際には人々を分断し、戦争へと導いています。観念と信念から自由であるときにのみ、精神は正しく行動できます。愛国的で国家主義的なひとは、兄弟のような友愛がどうこうといくら語っていても、それがどんなものか決してわかりはしないでしょう。それどころか、彼の行動は経済的なものであろうと、どんな方向の行動であろうと、戦争につながります。ですから、正しい行動というものがあり、したがって、根源的で永続的な変容というものがあるのですが、それは、精神が表面的ではなく、観念から根源的に自由であるときにのみ存在します。観念からの自由は、自己への気づき（self-awareness）と自己知（self-knowledge）を通じてのみ可能なのです。

J．クリシュナムルティ作品集　第六巻
一九五〇年一月一日　コロンボ

【質問4】

質問者：わたしたちの大半は定型的な仕事に囚われ、退屈していますが、そんな仕事に生活がかかっています。どうして、わたしたちは仕事で幸せになれないのでしょうか？

クリシュナムルティ：たしかに、現代文明によって、わたしたちの多くは個人としてはぜんぜん好きではない仕事をするようになりました。いまのように作り上げられた社会は、競争と非情さ、戦争をベースにしていて、言うならば、技術者と科学者を求めています。彼らは世界中のどこでも求められている。なぜなら、彼らは戦争の道具をさらに開発し、国家の非情さをさらに効率的にできるからです。ですから、教育はだいたい、当人がそれに向いていようがいまいが、個人を技術者あるいは科学者に仕立て上げるのに専念しています。技術者として教育されたひとは、ほんとうは技術者になりたくないのかもしれません。画家や音楽家や、ほかの何かになりたいのかもしれない。ですが、状況が——教育、家族の伝統、社会の要請等々が——彼を無理やり技術者として専門化させます。そうやってわたしたちは定型的な仕事を創り出し、ほとんどがそこに囚われ、欲求不満で、惨めで、不幸な人生を送ります。それはわたしたちみんなが知っています。

基本的には教育の問題なのです、そうではありませんか？　では、わたしたちは違う種類の教育、生徒だけでなく教師も含めて、それぞれが自分のしていることを愛するような、そんな教育を実現できるでしょうか？　愛するのですよ——わたしはこの言葉を文字通りの意味で使っています。しかし、みなさんは自分がしていることを、常に、成功の、権力の、地位の、特権の手段として使っているのであれば、それを愛することはできません。

たしかに、いまのように出来上がっている社会は、どうしようもなく退屈し、自分がしている定型的な仕事に囚われている個人を作り出しています。ですから、まったく違った環境を——生徒や子供たちがほんとうに愛する分野で成長できるように助ける環境を——実現しようとすれば、教育やそのほかのすべてにおいて、とてつもない革命が必要でしょう。そうではありませんか？

いまのような状態では、わたしたちは定型的な仕事を、退屈を我慢しなければならず、それで、さまざまな方法で逃げようとします。娯楽を通じて、テレビやラジオを通じて、書物を通じて、いわゆる宗教を通じて逃げようとするので、わたしたちの人生はとても浅薄で空っぽで鈍重なものになります。この浅薄さが権威の受容を生み出します。それはわたしたちに万能感（sense of universality）を、権力や地位の感覚を与えてくれるからです。わたしたちは心のなかではそのことを知っているのですが、しかし、そこから脱却することはとても難しい。なぜなら、脱却するには、通常の感傷ではなく、思考、エネルギー、懸命に励むことが必要だからです。

ですから、みなさんが新しい世界を望むなら——人類が経験してきたあの恐ろしい戦争や悲惨さ、恐怖のあとでは、きっと望んでいるはずですが——わたしたち一人ひとりのなかで宗教的革命が起こらなければならないでしょう。新しい文化を、まったく新しい宗教を、つまり権威の宗教でも、職業的聖職者や教義、儀式の宗教でもない宗教をもたらす革命です。まったく異なる種類の社会を創造するには、そのような宗教的革命が必要です――それは個人の内部における革命で、さらなる専制や悲惨さや恐怖をもたらすだけの外的な恐ろしい流血のことではありません。わたしたちが新しい――まったく違った意味で新しい――世界を創造しようとするなら、それは、わたしたちの世界でなければなりません。ドイツ人の世界でも、ロシア人の世界でも、ヒンドゥー教徒の世界でもなく。わたしたちはすべて人間であり、地球はわたしたちのものなのですから。

けれども残念なことに、そのようなことを深く感じているひとたちはほんのわずかです。なぜなら、それには感傷的でも感情的でもない愛が求められるからです。愛を発見するのはとても難しく、感傷的で感情的なひとは一般に残酷です。まったく違った文化を実現するには、わたしたちの一人ひとりのなかで、そのような宗教的革命が起こらなければならない、とわたしは思います。それは、自由がなければならないことを意味しています。あらゆる信条や教義からの自由だけでなく、個人的な野心や自己中心的活動からの自由です。たしかに、そうなってはじめて、新しい世界が可能になるでしょう。

J．クリシュナムルティ作品集　第十巻
一九五六年九月十五日、ハンブルグ

【質問5】

質問者：妻とわたしはぶつかります。お互いに好きだと思うのですが、でも口論が絶えないのです。この醜い状態を終わらせようといろいろ試しましたが、わたしたちはどうしても、心理的にお互いから自由になれないようです。どうすればいいと思われますか？

クリシュナムルティ：依存があるかぎり、必ず緊張があります。わたしが自己満足のために、自分は大勢のひとたちに講演する人物だと感じたいために、聴衆としてのみなさんに依存するなら、わたしはみなさんを食い物にしていて、みなさんがわたしには心理的に必要だ、ということです。この依存は愛と呼ばれていて、わたしたちの関係はすべて、それをベースにしています。わたしは心理的にみなさんが必要で、みなさんは心理的にわたしが必要です。みなさんとの関係で、みなさんはわたしにとって心理的に重要になります。なぜなら、みなさんはわたしの必要性を満足させてくれるからです――物理的にも、内面的にも、です。みなさんがいなければ、わたしは途方に暮れ、どうすればいいかわからなくなります。わたしはみなさんに依存しています。みなさんを愛しています。ですが、その依存が問われれば、確信はなくなります――すると、わたしは怖くなります。その恐怖をごまかすために、ありとあらゆる策略を弄し、その恐怖から逃げようとします。わたしたちはみな、そんなことは知っていますね――わたしたちは資産を、知識を、神々を、幻想を、関係性を、自分自身の孤独や空虚さをごまかす手段として利用します。ですから、それらはとても重要になるのです。わたしたちの逃げ道となったものごとは、とてつもない価値をもつのです。

ですから、依存があるかぎり、必ず恐怖があります。それは、愛ではありません。みなさんはそれを愛と呼ぶかもしれない。それを心地よく響く言葉で包むかもしれない。ですが実際には、その下は空虚です。どんな方法でも癒せない傷があり、その傷が消えるのは、みなさんがそれを意識し、気づき、理解するときだけです。そして、理解が存在するのは、みなさんが説明を探し求めないときだけです。おわかりですか。質問者は説明を求めています。わたしから言葉を引き出したいのです。そして、わたしたちは言葉に満足します。新しい説明を――それが新しいなら――みなさんは繰り返すでしょう。しかし、問題は依然として残ります。依然として口論は続くでしょう。

けれども、この依存のプロセスを理解したなら――外面的だけでなく、内面的にも、隠れた依存、心理的にせっぱつまった必要性、「もっと」という要求を理解したなら――そのようなことを理解したなら、きっとそのときはじめて、愛の可能性が存在します。愛は個性的なものでも、非個性的なものでもありません。それは存在の状態です。精神に属するのではありません。精神はそれを獲得できません。みなさんは愛を実践できないし、瞑想を通じても獲得できません。それが生まれるのは、恐怖がいっさいないときだけ、不安や孤独という感覚がなくなったとき、依存も獲得もないときだけです。そして、そんな状態は、わたしたちが自分を理解したときにだけ、隠れた動機を充分に認識したとき、精神が答えも説明も求めずに自らを深く掘り下げることができたとき、もはや名づけようとしないときにだけ、現われます。

たしかに、わたしたちにとっての難事の一つは、ほとんどが人生のうわべに――主として説明に――満足していることです。そうではありませんか？　わたしたちは説明することですべてを解決したと考えます。それは精神の活動です。わたしたちは名づけ、認識できているあいだは、自分が何かを達成したと思っていますが、認識もなく、名づけもなく、説明もないと考えたとたんに、精神が混乱します。ですが、説明がないときにだけ、精神が言葉に囚われていないときにだけ、愛の存在が可能になるのです。

J．クリシュナムルティ作品集　第六巻

一九五二年四月十五日　ロンドン

【質問6】

質問者：結婚はどんな組織だった社会にも必要な部分ですが、あなたは結婚という制度に反対のようです。ご意見をお聞かせくださいませんか？　それから、セックスの問題も説明してください。どうして、セックスは、戦争に次ぐ、わたしたちの時代の緊急課題になったのでしょう？

クリシュナムルティ：質問するのは簡単ですが、難しいのは問題そのものを非常に注意深く見つめることで、じつはそこに答えが含まれています。この問題を理解するには、その膨大な意味合いを見ていかなければなりません。これは難しいことです。時間はとても限られており、わたしは短くまとめなければならないし、みなさんがとてもしっかりとついてきてくださらなければ理解できないかもしれません。では、その問題に答えるのではなく、問題を調べてみましょう。なぜなら、答えは問題のなかにあって、それから離れて存在するのではないからです。問題を理解すればするほど、答えがはっきりと見えてきます。みなさんがただ答えを探しているだけなら、答えは見つからないでしょう。なぜなら、問題から離れて、答えを探しているからです。そこで、結婚について見ていきましょう。しかし、理論的にとか、理想としてではありません。そんなのは馬鹿げています。結婚を理想化したりせず、あるがままに見つめることにしましょう。そうすれば、何かができるはずです。それをバラ色に仕立てたのでは行動できませんが、あるがままに正確に見るなら、たぶん、みなさんは行動できるようになるはずです。

それでは、実際に何が起こっているのでしょうか？　若いときには生物学的な性的衝動がたいへん強く、それに限界を設定するために結婚と呼ばれる制度があるわけです。生物学的衝動は両者にあり、それで、みなさんは結婚して子供をもうけます。残る生涯にわたって、自分自身を一人の男性あるいは一人の女性に結びつけ、それによって永続的な快楽の源泉と保証された安定を得ますけれど、その結果、みなさんは風化し始めます。みなさんは習慣のサイクルのなかで生きていきますが、習慣とは風化です。この生物学的な性的衝動を理解するには、大いなる英知が必要ですが、わたしたちは英知的であるようには教育されていません。ともに暮らさなければならない男性あるいは女性と、ただ折り合っていくだけです。わたしは二十歳あるいは二十五歳で結婚し、それまで知らなかった女性と残る生涯を暮らさなければならない。彼女について何一つ知らなかったのに、それでも、わたしは残る生涯を彼女と暮らせと言われるのです。それを、みなさんは結婚と呼びますか？　わたしは成長し、観察していくなかで、彼女が自分とまったく違うことを発見する。彼女の関心はわたしの関心とまったく違います。彼女は社交に興味があり、わたしは非常にシリアスでありたいと思う、あるいはその逆かもしれません。それでも、わたしたちは子供をもうける――これはじつに、とてつもないことです。男性のみなさん、女性たちを眺めて笑っていないでください。これはみなさんの問題なのです。そのように、わたしは自分で意義のわからない関係性を確立する。その意義を発見もできないし、理解もできません。

結婚という関係が意義をもっているのは、愛を抱いているごくごく少数のひとたちにとってだけです。その場合には、関係は破綻しないし、ただの習慣や便宜でもなく、生物学的、性的必要性に基づいたものでもありません。その愛は無条件で、互いの個々の人格は溶け合います。そのような関係には救済があり、希望があります。けれども、ほとんどのみなさんの場合、結婚という関係は互いの融合ではないのです。別々の人格が溶け合うには、みなさんはみなさん自身を、彼女は彼女自身を知らなければなりません。それは愛することを意味します。けれども、愛などありません。それは明白な事実です。愛とは新鮮で新しく、ただの満足やただの習慣ではないのです。愛は無条件です。みなさんは夫を、あるいは妻を、そのように遇していますか？　みなさんはみなさんの、彼女は彼女の、孤独のなかで生きており、そして保証された性的快楽という習慣を確立しています。所得が保証された男性には何が起こるでしょう？　彼は確実に劣化します。そこに気づいたことがおありですか？　所得が保証されたひとを観察してみてください。彼の精神がいかに迅速に衰えていくかがおわかりになるはずです。彼には大いなる地位が、抜け目ないという定評があるかもしれませんが、あふれるほどの生きる喜びはすっかり消えています。

同じように、みなさんは結婚のなかで快楽の永続的な源泉を所有し、理解もなく愛もない習慣を得て、その状態で生きていくことを強制されています。わたしはみなさんが何をすべきかを言っているのではありません。まず、問題を見つめてください。それが正しいと思われますか？　これは、妻を捨てて誰かほかのひとを追いかけるべきだ、という意味ではありませんよ。結婚という関係は何を意味しているのでしょうか？　たしかに、愛するということは誰かと結ばれることですが、肉体的には別として、みなさんは妻と結ばれていますか？　肉体的なことは別として、彼女を知っていますか？　彼女はみなさんを知っていますか？　みなさんはどちらも孤独で、それぞれがそれぞれの関心、野心、必要性を追求し、それぞれが別の満足や経済的な保証、あるいは心理的な保証を求めているのではありませんか？そのような関係は、関係などというものではありません。ただ相互に、心理的、生物学的、経済的な必要性のなかで自分に閉じこもっていくプロセスです。そして、そのわかりきった結果は葛藤であり、惨めさ、苛立ち、所有欲からくる恐怖、嫉妬等々です。そんな関係が醜い赤ん坊と醜い文明以外の何かを生み出すと思われますか？

ですから、重要なのはプロセス全体を見ることです。醜い何かとして見るのではなく、目の前で起こっている実際の事実として見ること、そして自覚することです。みなさんはどうなさいますか？　みなさんはそのままほうっておくことはできないが、しかし見つめたくもないので、酒を飲み、政治に、街角の女性に、とにかく何でもいいから、家から、わずらわしい妻や夫から逃れられる何かへと走るのです――それで、問題を解決したつもりになるのです。それがみなさんの人生です。そうではありませんか？だから、みなさんはそれを何とかしなければならない。つまり、それと直面しなければならない、ということです。それは、必要ならば別れなければならない、という意味でもあります。なぜなら、父親と母親がいつもがみがみ言い合い、争っていて、それが子供たちに影響しないと思いますか？

ですから、習慣としての結婚、習慣的快楽を育てる結婚が、劣化の要因なのです。なぜなら、習慣のなかに愛はないからです。愛は習慣ではありません。愛は喜ばしい、創造的な、新しいものです。したがって、習慣は愛とは正反対ですが、みなさんは習慣に囚われているし、当然ながら他者との習慣的な関係は死んでいます。そこで、また基本的な問題に戻ります。つまり、社会の改革はみなさんにかかっているのであって、立法ではないということです。法律は習慣や同調をさらに進めることができるだけです。したがって、関係性に対して責任ある個人としてのみなさんは何かをしなければならない——みなさんは行動しなければならないし、行動できるのは、唯一、精神《マインド》と心《ハート》に目覚めがあるときだけです。何人かの方々がわたしに賛成してうなずいていらっしゃる。しかし、明らかな事実は、みなさんが変容の、変化の責任を取りたがらない、ということです。みなさんは正しい生き方を発見するという激動と直面したがらない。ですから、問題は続きます。みなさんは争い続け、やがて死ぬ。そして、みなさんが死んだとき、誰かが泣きます。相手のためではなく、自分自身の孤独のために。みなさんは変わらないままでいて、自分は立法する力があり、高い地位を占め、神について語り、戦争を止める方法を見つける等々の能力がある人間だと考えている。そうしたことのどれにも、何の意味もありません。なぜなら、みなさんは基本的な問題を何一つ、解決してこなかったのですから。

さて、問題の別の側面はセックスですが、なぜ、セックスがそれほど重要になったのでしょう？　なぜ、この衝動はみなさんにこれほどつきまとうのでしょう？　しっかりと考えたことがおありですか？　みなさんが考えたことがないのは、ただ耽溺してきたからです。みなさんは、なぜその問題があるのかを探究してこなかった。男性のみなさん、どうして、その問題があるのでしょう？　そして、それを完全に抑圧する方法をとったとき、何が起こるのでしょう——禁欲行《ブラフマチャリヤ》の理想等々はご存じですね。さて、何が起こるでしょう？　それは依然として存在するのです。女性について語る誰かを恨み、自分は性的衝動を完全に抑圧できる、問題をそうやって解決できると考えるのですが、しかし、それにとりつかれたままです。まるで醜いものを一室に全部押し込めた家のなかで暮らすようなものです。それでも、それは依然として存在するのです。ですから、規律ではこの問題は解決しないでしょう——規律は昇華、抑圧、代用です——みなさんはそれを試してきましたが、それは解決策ではないのです。では、解決策とは何でしょう？　解決策は問題を理解すること。そして、理解するとは非難も正当化もしないことです。では、その方法を見てみましょう。

なぜ、セックスがみなさんの人生で、それほど重要な問題になるのでしょう？　性的行動とは、自分を完全に忘却する感覚ではありませんか？　わたしが何を言っているか、理解できますか？　その行動のなかには完全な融合がある。その瞬間にはあらゆる葛藤が完全に停止する。みなさんは最高の幸福を感じる。なぜなら、もう別個の存在である必要を感じないからです。そして、恐怖につきまとわれなくなるからです。つまり、その瞬間には自意識が消え、みなさんは自己忘却の明晰さを、自己犠牲の喜びを感じます。ですから、セックスが重要になったのは、みなさんがほかのあらゆる方面で、葛藤の、自己強化の、欲求不満の人生を生きているからです。男性のみなさん、ご自分の——政治的、社会的、宗教的——人生を振り返ってください。みなさんは何者かになろうとしてがんばっています。政治的には権力者になりたい、地位を、特権を得たいと思っています。誰かに注目するのはやめましょう。権力者たちに目を向けないでください。もし、みなさんが彼らの立場なら、同じことをするはずです。ですから、みなさんは政治的に何かになりたいとがんばり、自己を拡大している。そうではありませんか？　つまり、みなさんは葛藤を創り出しているのです。そこに、「わたし（me）」の否定はありません。「わたし」を犠牲にすることもありません。逆に、「わたし」の強調があるのです。ものとの関係、つまり資産の所有においても、同じプロセスが進行します。信仰なさっている宗教でも同じです。みなさんがしていることにも、宗教的実践にも、何の意味もありません。みなさんはただ信じ、レッテルに、言葉にしがみついています。もし観察なされば、中心としての「わたし」の意識からの自由はまったくないことがおわかりになるでしょう。みなさんの宗教は「自分を忘れなさい」と言いますが、みなさんのプロセスそのものが自己主張のそれであり、みなさんは依然として重要な存在なのです。みなさんはギーターを、聖書を読むかもしれません。ですが、依然として聖職者であり、搾取者であり、人々から吸い上げて寺院を建設しているのです。

ですから、あらゆる分野で、あらゆる活動で、みなさんは耽溺し、自分自身を、自分の重要性を、自分の特権を、自分の安全を強調しています。したがって、自己忘却の源泉はたった一つしかない。それがセックスです。それで、みなさんにとって女性あるいは男性が何よりも重要になり、所有しなければならなくなるのです。そうやって、みなさんは所有を強制する社会を築き、所有を保証するのであって、ほかのどこでも自分自身が重要であるとき、当然、セックスがとてつもなく重要な問題になるのです。そして、男性のみなさん、そのような状態で、矛盾なく、惨めさもなく、欲求不満もなしに生きられると思いますか？　けれども、宗教であろうと、社会活動であろうと、そこに誠実さがあり、自己強調がいっさいない真摯さがあるとき、セックスはほとんど意味をもたなくなります。セックスが問題になるのは、みなさんが――政治的、社会的、宗教的に――何者かでないことを恐れるからです。けれども、そうしたすべてにおいて自分自身が減少すること、小さくなることを許すなら、セックスはまったく問題にならないことがおわかりになるでしょう。

愛があるときにのみ、純潔があります。愛があるとき、セックスの問題はなくなります。そして、愛がないのに禁欲の理想を追求することはまったく馬鹿げています。なぜなら、そんな理想は非現実ですから。現実とはみなさんであり、みなさんがご自身の精神を、ご自身の精神の働きを理解していないなら、セックスも理解しないでしょう。なぜなら、セックスとは精神の事柄だからです。問題は単純ではありません。習慣形成の実践だけではなく、人々、資産、そして観念とご自身の関係をとてつもなく深く考え、探究することが必要だからです。男性のみなさん、これは、ご自分の心と精神を厳しく熱心に探究しなければならず、それによってご自分に変容をもたらさなければならないことを意味しています。愛は純潔です。そして、愛があるとき――精神によって創り上げられた純潔というただの観念ではなく、愛があるとき――セックスは問題ではなくなり、まったく異なる意味をもつのです。

J．クリシュナムルティ作品集　第五巻
一九四八年十二月十九日、ニューデリー

【質問7】

質問者：この混沌とした世界に立ち向かうためには、子供にどんな種類の教育を受けさせたらいいのでしょうか？

クリシュナムルティ：それはじつに広大な質問で、数分で答えられるものではありませんね。それでも、いちおう短く答えておきましょうか。後になって、さらに深く追究することができるでしょう。

問題は、子供がどんな種類の教育を受けるべきか、ということよりも、教育者に教育が必要だし、親に教育が必要だ、ということです（ざわめきと笑い声）。いやいや、笑っていただいたり、おもしろがっていただいたりするために、気の利いたことを言ったわけではありません。わたしたちにはまったく違った種類の教育が必要なのではないですか？——ただ記憶力を培い、子供たちが仕事に就いて暮らしを立てるのに役立つ技術を身につけさせるのではなく、ほんとうに英知ある子供にする教育です。英知とはプロセス全体の把握、つまり人生の全プロセスを把握することであって、人生の一断片についての知識ではありません。

ですから、ほんとうの問題はこういうことです。成人した人間であるわたしたちは、子供が自由のなかで、完全な自由のなかで成長するのを助けてやれるでしょうか？　これは、子供に好き勝手をさせるという意味ではありません。そうではなく、自由であるとはどういうことかを、わたしたち自身が理解し、それゆえに、自由であるとはどういうことかを子供が理解するように手助けできるでしょうか？

いまの教育は単なる同調のプロセスです。それは、子供が社会の特定のパターンに同調できるように手を貸します。彼はその社会で仕事に就き、外から尊敬される存在になり、教会へ通い、同調し、そして死ぬまで苦闘します。わたしたちは、子供が内面的に自由になり、成長するに従って人生のあらゆる複雑さに立ち向かえるように手を貸すことはありません――それは、子供が考える能力を身につける手助けをすることで、何を考えるかを教えることではありません。そのためには教育者自身が、あらゆる権威から、あらゆる恐怖、あらゆる国民性、さまざまなかたちの信念や伝統から、自分の精神を解放できなければなりません。そうすれば、子供は――みなさんの助力やみなさんの英知のおかげで――自由であるとはどういうことかを理解し、問いかけ、探究し、発見するとはどういうことかを理解します。

しかし、おわかりでしょうが、わたしたちはそのような社会を望んではいません。違う世界を望んではいないのです。わたしたちは古い世界を反復したがっており、ただ修正し、少し改善し、少し磨きをかけたいだけなのです。わたしたちは子供が全面的に同調し、まったく考えず、気づいていず、内面的に明晰でないことを望んでいます。なぜなら、子供が内面的に明晰だと、わたしたちの定着した価値観のすべてが危険にさらされるからです。そこで、先ほどの質問に真にかかわってくるのは、どうやって教育者を教育するか、ということです。みなさんやわたしは――なぜなら、わたしたち、親たち、社会が、教育者だからです――みなさんやわたしは、どうすれば、わたしたち自身に明晰さをもたらし、子供が自由に考えられるように手助けできるのでしょう？　それはつまり、揺るぎない精神、静かな精神をもつことであり、その精神を通じて新しいものごとが知覚され、そして生まれ出るのです。

これはほんとうに、じつに根源的な質問です。そもそも、わたしたちはなぜ教育されるのでしょう? ただ、仕事に就くため? ただ、カトリックの教義やプロテスタントの教義、あるいは共産主義やヒンドゥー教の教義を受け入れるため? ただ、ある伝統に同調し、ある仕事に適合するためですか? それとも、教育とは、それとはまったく違った何かでしょうか?――記憶力の養成ではなく、理解のプロセスなのでしょうか? 理解とは、分析によってもたらされるものではありません。理解とは、精神が非常に静かで、負荷がなく、もはや成功を求めず、したがって、いじけたり失敗を恐れたりしていないときにのみ、やってくるものです。精神が静かであるとき、そのときにのみ、理解の可能性があり、英知をもつ可能性があります。そのような教育が正しい種類の教育で、ほかのことは当然、それについてくるのは明らかです。

けれども、わたしたちのなかでそのようなことに関心をもっているひとたちはほんのわずかです。あなたにお子さんがあるなら、お子さんが仕事に就くことを望みます。あなたの関心はそれだけなのです――子供の将来はどうなるか、ということです。子供はみなさんがもっているすべてを――資産、価値観、信念、伝統を――引き継ぐべきですか? それとも、自由のなかで成長し、何が真実かを自ら発見するべきなのでしょうか? それは、みなさん自身が引き継いでいないときにだけ、みなさん自身が自由に探究し、何が真実かを見出すときにだけ、起こり得るのです。

J. クリシュナムルティ作品集　第九巻

一九五五年五月十九日　アムステルダム

【質問8】

質問者：心身症とは何なのでしょうか。心身症の治し方について、ご示唆をいただけますか？

クリシュナムルティ：わたしは心身症の治し方を発見する可能性があるとは考えていません。たぶん、精神を癒す方法を研究することそのものが、その病を生み出しているのでしょう。方法（way）を発見する、あるいは方式（method）を実践することとは、抑止し、コントロールし、思考を抑圧することを意味しており、それは、精神を理解することとは違います。精神が肉体組織に病を創り出すことはかなり明白です。怒っているときにものを食べれば、おなかの調子は悪くなります。誰かを激しく憎んでいれば、肉体的な不調を覚えるでしょう。もし、精神を制約して特定の信念だけをもつようにすれば、精神的、心理的に神経症になり、それが身体に影響します。これはみな、心身症のプロセスです。もちろん、すべての病気が心身症ということではありませんが、恐怖、不安、その他の心理的動揺は、肉体的な病気を生み出します。それでは、精神を健全にすることは可能でしょうか？　わたしたちの多くは、正しい食事等によって身体を健全に保とうと心がけているし、それは大切なことです。けれども、精神を健全に、若々しく、鋭敏に、活き活きと保とう、劣化させないでいよう、と心がけているひとはごく少数です。

さて、精神を劣化させまいとすれば、その精神は決して追従してはならないことは明らかです。独立していて、自由でなければならないのです。けれども、教育はわたしたちが自由になる助けをしません。

それどころか、この劣化しつつある社会にわたしたちをはめ込む助けをしています。ですから、精神そのものも劣化するのです。わたしたちは子供のころからびくびくして、競争心を燃やし、いつでも自分と自分の安心安全のことを考えるように仕向けられています。当然、そのような精神はいつでも葛藤しているに違いないし、その葛藤が身体に影響を及ぼします。そこで重要なのは、油断なく観察することを通じて自分自身で葛藤のプロセス全体を発見し、理解すること、どんな心理学者やグルにも頼らないことです。グルに従うのは、みなさんの精神を破壊することです。グルに従うのは、彼がもっているとみなさんが考えている何かを、みなさんが欲しがるからです。それで、劣化のプロセスをスタートさせてしまうのです。世間的であれ、霊的にであれ、何かになろうとする努力は劣化のもう一つのかたちです。なぜなら、そんな努力は常に心配をもたらし、それが恐怖や欲求不満を生み出して精神を不健全にし、それが次には身体に影響するからです。これはかなり単純なことだと、わたしは思います。精神を癒す方法を外に探すことは、劣化のプロセスの一部なのです。

J．クリシュナムルティ作品集　第九巻
一九五六年三月二十八日　ボンベイ

【質問9】

質問者：わたしの身体と精神は、根深い衝動と意識、そして無意識の恐怖から出来上がっているように思えます。わたしは精神を観察していますが、始終、それらの基本的な恐怖に圧倒されてしまうようなのです。どうしたらいいのでしょうか？

クリシュナムルティ：それでは、わたしたちが恐怖と言うとき、それは何を意味しているのかを見出してみましょう。恐怖とは何でしょう？　恐怖は、何かに関連してのみ存在します。それだけで存在するわけではないのです。何かとの関連で存在するだけです――相手が自分のことをどう考えるか、人々にどう思われているか、失業、老後の安定への、あるいは母親や父親の死の恐怖、その他もろもろです。つまり、何かについての恐怖なのです。

さて、わたしはどうすれば恐怖から解放されるでしょう？　何らかの規律が恐怖を解消してくれるでしょうか？　規律とは抵抗であり、学ぶことへの抵抗の育成です。それが精神を恐怖から解放してくれるでしょうか？　あるいは、ただ引き離してくれるだけでしょうか？――壁を作るように。壁を作っても、その向こう側にはいつも恐怖がありますよね。明らかに、恐怖は抵抗によっても、勇気を育てることによっても、追い払えません。なぜなら、勇気の性質そのものが恐怖の対立物（opposite）であり、精神が恐怖と勇気に囚われているときには解決策はなく、抵抗が高まるだけであり、ですから、勇気を育てることを通じて恐怖を克服することはあり得ないのです。

では、どうしたら、恐怖を追い払えるでしょう？　みなさん、どうか、よくお聞きください。これはわたしたちの、あなたやわたしの、恐怖から解放されたいと願うすべての人間の問題です。もし、わたしが恐怖から自由になれるなら、そのときは、「わたし（me）」――つまり、これほどの悪さを生み出す自己（self）、世界にこれほどの悲惨さをもたらす自己は、消える可能性があるからです。自己は、まさにその本性上、恐怖の源なのではないでしょうか？　わたしは安心安全を望むので、経済的に安定していなければ、政治的、社会的な安定を、名目的な安定を欲します。いつまでも安全安心でいたいと願い、神の保証を望み、神が背中を叩いて「次の世ではもっと良い思いができるよ」と言ってくれればいいのにと思います。誰かにそう言ってもらいたい、元気づけてもらいたい、避難所や依り所を与えてもらいたいと思うのです。ですから、どんなかたちであれ、安心安全を求めているかぎり、必ず恐怖があり、そこからあらゆる基本的な衝動が生じます。ですから、恐怖とは何かを理解できれば、そのときには、たぶん、絶え間ない選択から解放されるでしょう。

では、どうすれば、恐怖とは何かを理解できるでしょう？　どうすれば、わたしは――規律も、抵抗もなしに、また逃げ出すこともなく、他の幻想や問題を創り出すこともなく、他のグルの、あるいは心理学者のシステムもなしに――ほんとうに恐怖と直面し、理解し、恐怖から自由になり、乗り越えることができるでしょうか？　恐怖が理解できるのは、恐怖から逃げ出したりしないとき、恐怖に抵抗しないときだけです。ですから、わたしたちは、この抵抗している存在は何なのかを発見しなければなりません。恐怖に抵抗している「わたし」とは、何者なのでしょう？　みなさん、わかっていらっしゃいますか？　それはつまり、わたしは恐れている、ということです。わたしについて人々がどう言うかを恐れている、なぜなら、わたしはとても尊敬される人間でありたいからです。世間的に成功したい。名声が、地位が、権威が欲しい。そこで、わたしのある側面はそれを追求しますが、内面的には、何をしてもきっと欲求不満につながるだろうし、自分のやりたいことが自分の前に立ちはだかるだろう、とわかっているのです。ですから、わたしのなかでは、二つのプロセスが進行しています。一つは、達成したい、尊敬されたい、成功したい、というあり方で、もう一つは、達成できないかもしれない、と常に恐れているあり方です。

そこで、わたし自身のなかで、二つのプロセスが――二つの欲望が、二つの追求が――作動していることになります。片方は「わたしは幸せになりたい」と言い、もう片方は、この世界に幸せなどないかもしれないとわかっています。わたしは豊かになりたい。同時に、おびただしい貧しい人々を見ていますが、それでも、わたしの野心は豊かになることなのです。安心安全への欲求がわたしを突き上げ、駆り立てているかぎり、逃げ道はありません。同時に、わたしのなかには同情心があり、愛があり、繊細さもあります。そこで、終わりなき闘いがあり、その闘いが突出し、反社会的になる等々が起こります。では、わたしはどうしたらいいのでしょう？　どうすれば、この闘いから、この内面の葛藤から、自由になれるのでしょうか？

もし、一つのプロセスだけを観察し、二元的なプロセスを育てることがなければ、対応できる可能性があります。つまり、恐怖そのものを観察し、美徳を養ったり、勇気を養ったりしなければ、恐怖に対応できるのです。もし、わたしが「こうあるべき」ではなく、「あるがまま」を知るなら、そのとき、わたしは「あるがまま」に対応できるのです。わたしたちの大半は「あるがまま」を知りません。わたしたちの大半は「こうあるべき」に関心を向けているからです。この「こうあるべき」が二元性を創り出します。「あるがまま」は決して二元性を創り出しません。「こうあるべき」が葛藤を、二元性をもたらすのです。

それでは、対立物の葛藤なしに「あるがまま」を観察し、いかなる抵抗もなしに「あるがまま」を見つめられるでしょうか？　なぜなら、抵抗そのものが対立物を創り出すからです。そうではありませんか？　つまり、恐れているとき、抵抗を生み出すことなしにそれを見つめられるでしょうか？　なぜなら、それに対抗して抵抗を創り出した瞬間に、わたしはすでに別の葛藤を生じさせているからです。「あるがまま」をどんな抵抗もなしに見つめられるでしょうか？　それができれば、そのとき、恐怖に対応し始めることが可能になります。

それでは、恐怖とは何でしょう？　恐怖とは言葉、観念、思考でしょうか？　それとも、実際のものでしょうか？　恐怖は「恐怖」という言葉のせいで生じるのでしょうか？　それとも、言葉から独立して、恐怖が存在するのでしょうか？　みなさん、どうか、わたしと一緒に考えてみてください。疲れてしまわないでください。気をそらさないでください。なぜなら、みなさんがほんとうに恐怖の問題に――死の恐怖、祖父や祖母が死ぬことへの恐怖に――関心があるのであれば――いや、関心はおありのはずですし、人類すべてがそのはずです——みなさんはそのとてつもない暗黒を背負っているのですから、その問題に分け入るべきであり、押しのけてばかりもいられないはずなのです。そうではないでしょうか？　この問題に慎重に分け入るなら、そこから逃げているかぎり、勇気を培うなどして壁を築いているかぎり、どんなかたちであれ、恐怖への抵抗を創り出しているかぎり、その抵抗そのものが葛藤を、対立物の葛藤をもたらすことが見えてきます。そして、対立物の葛藤を通じて、わたしたちが理解に達することは決してないでしょう。

テーゼ（正）とアンチテーゼ（反）の葛藤がジンテーゼ（合）をもたらす、という考え方は真実ではありません。理解をもたらすのは「あるがまま」の事実の把握であって、対立物を創り出すことではないのです。では、恐怖と直面し、抵抗なしに、そこから逃げることなしに、恐怖を見つめられるでしょうか？　さて、恐怖を見つめているこの存在とは何でしょう？　わたしは恐れている、と言うとき、「わたし」とは何で、「恐怖」とは何でしょう？　それは別の二つの状態、別の二つのプロセスでしょうか？　わたしは「わたし」が感じている恐怖とは別物ですか？　もし、わたしが恐怖とは別物であれば、わたしは恐怖を操作できるし、換えることもできます。そして、抵抗し、押しのけることもできます。けれども、恐怖とわたしが別物でないなら、まったく違った行動などないのではありませんか？

どうも少々抽象的で、難しすぎるとお思いでしょうか、みなさん？　それでは、ご一緒に分け入ってみようではありませんか。どうか、耳を傾けてください。ただ耳を傾けていただきたいのです。議論しようとなさらないでください。なぜなら、耳を傾けることで、議論をせず、ただ耳を傾けることで、わたしがお話していることがおわかりになるはずだからです。

恐怖に抵抗しているかぎり、恐怖からの自由はなく、さらなる葛藤があり、さらなる惨めさがあるだけです。抵抗しなければ、恐怖だけがあります。そのとき、恐怖は観察者と――「わたしは恐れている」と言っている「わたし」と――別物でしょうか？　「わたしは恐れている」と言っているこの「わたし」とは何でしょう？　それは、恐怖と呼んでいる感情で成り立っている「わたし」ではありませんか？　「わたし」とは恐怖の感情ではありませんか？　恐怖の感情がなければ、「わたし」もないでしょう。ですから、「わたし」と恐怖は一つなのです。恐怖と離れた「わたし」はない。ですから、恐怖が「わたし」です。ですから、恐怖があるだけです。

さて、探究してみましょう。恐怖とはただの言葉でしょうか？　「恐怖」という言葉、観念、シンボル、状態――それは、その事実と別個の精神によって創り出されたものでしょうか？　どうか、耳を傾けてください。恐怖は「わたし」です。その「わたし」と別個の独立した「わたし」はありません。ひとは、「わたし」は言います。「わたしは貪欲だ」と。そう裁量する権威は「わたし」です。その資質は「わたし」と別個ではありません。「わたし」が「わたしは貪欲から解放されなければならない」と言っているかぎり、それは努力し、苦闘します。けれども、その「わたし」は依然として貪欲です。なぜなら、貪欲でなくありたい、と望んでいるからです。同じく、「わたし」が「わたしは恐怖から解放されなければならない」と言うとき、抵抗を培い、したがって葛藤が生じ、決して恐怖から自由にはなれません。ですから、恐怖から自由になれるのは、事実を認識するとき、恐怖は「わたし」だという事実を理解するときだけなのです。その「わたし」は恐怖についてどうすることもできません。どうか、「わたしは恐れている、恐怖について何とかしなければならない」と言っている、その「わたし」を見てください。それが恐怖に基づいて行動しているかぎり、抵抗を創り出すだけであり、したがって、さらに葛藤がひどくなります。ですが、恐怖は「わたし」だ、と認識したとき、そのときには、その「わたし」の行動はもうありません。そのときにだけ、恐怖からの自由があるのです。

おわかりでしょうか。わたしたちは恐怖について、衝動について、性的衝動について何かをすることに慣れています。つまり、わたしたちはいつもその衝動が「わたし」とは別個のものであるかのように行動しているのです。欲望は「わたし」とは別個のものだという態度でいるかぎり、必ず葛藤が生じます。「わたし」なしに、欲望はありません。わたしが欲望であり、二つは別々ではないのです。どうか、そこをご覧になってください。恐怖は「わたし」だ、貪欲は「わたし」だ、「わたし」と別個のものではない、という感覚があるとき、それはほんとうに、とてつもない経験なのです。

思考する者なしに思考はありません。思考があるかぎり、思考者がいます。思考者は思考と別個ではありませんが、思考が思考者を創造し、自分から引き離します。なぜなら、思考は常に永続を求めており、ですから、永続する存在としての「わたし」を、思考をコントロールする「わたし」を、創り出すのです。しかし、思考がなければ「わたし」はありません。みなさんが考えていないとき、認識していないとき、区別していないとき、「わたし」は存在しますか? 「わたし」はいますか? 思考のプロセスそのものが「わたし」を創り出します。それから、その「わたし」が思考を操作します。そこで、苦闘が果てしなく続くのです。

完全に恐怖から自由になりたい、という意志があるなら、恐怖は「わたし」だ、「わたし」と別個の恐怖はない、という真理の認識がなければなりません。それが事実です。みなさんが事実と向かい合えば、行動が生じます——意識的な精神によってもたらされる行動ではなく、真理である行動、選択でもなく、抵抗でもない行動です。そのときにのみ、精神があらゆる種類の恐怖から自由になる可能性があるのです。

J．クリシュナムルティ作品集　第七巻
一九五三年二月十五日　ボンベイ

【質問10】

質問者：わたしは葛藤し、苦しんでいます。わたしたちは何千年も、苦しみの原因と苦しみをなくす方法について聞かされてきましたが、それでも、いまのようなありさまでいます。この苦しみを終わらせることは可能なのでしょうか？

クリシュナムルティ：思うのですが、わたしたちが苦しんでいることに気づいているひとは、どれだけいるでしょう。みなさんは、理論的にではなく実際に、自分が葛藤していると気づいていますか？　もし、気づいているとしたら、みなさんは何をしていますか？　そこから逃げようと試みる。そうではありませんか？　この葛藤と苦しみに気づいた瞬間、ひとは知的な追求や仕事、あるいは楽しみや快楽のなかでそれを忘れようと試みます。苦しみからの逃げ道を探すのですが、すべての逃げ道は、文化的であろうと粗雑であろうと、どれも同じです。そうではありませんか？　みなさんは葛藤をどんな意味でとらえているのでしょう？　自分は葛藤していると、どんなときに気づいていますか？　たしかに、葛藤は「わたし」の意識があるときに生じます。「わたし」が不意に意識にのぼるときにだけ、葛藤への気づきが存在するのです。さもなければ、みなさんは単調で、表面的で、ぱっとしない繰り返しの人生を送っている。そうではありませんか？　みなさんは葛藤があるときにだけ、自分自身に気づいている。矛盾もなく、欲求不満もなく、すべてが順調に推移しているのであれば、行動している自分自身を意識することはありません。振り回されることがなければ、欲しいものが手に入っていれば、わたしは葛藤しませんが、邪魔された瞬間、自分自身に気づいて惨めになります。言い換えれば、行動のなかで欲求不満に直面して、「わたし自身（myself）」という感覚が存在するときにだけ、葛藤が生じるのです。それでは、わたしたちは何を望んでいるのでしょう？　わたしたちが望んでいるのは、常に「自己満足（self-fulfilling）」できる、欲求不満のない行動です。つまり、わたしたちは邪魔されずに生きることを望んでいるのです。言い換えれば、わたしたちは欲望を満たしたいのであり、その欲望が満たされないかぎり、葛藤があり、矛盾があります。ですから、わたしたちの問題は、どうやって満たされるか、どのように欲求不満のない自己満足を達成するか、なのです。わたしは何かを——資産を、人間を、肩書きを、その他何でも——所有したいと思い、それが得られて、望むものを得られ続ければ幸せで、矛盾はありません。ですから、わたしたちが求めているのは自己満足であり、その満足が達成できるかぎり、摩擦はないのです。

さて、問題は自己満足などというものが存在するか、ということです。つまり、わたしは何かを達成できて、何者かになり，何かを実現することができるのでしょうか？　その欲望のなかには、絶え間ない苦闘があるのではありませんか？　つまり、何者かになりたい、何かを達成したい、自分自身を満足させたい、と切望しているかぎり、必ず欲求不満があり、必ず恐怖があり、必ず葛藤があるはずです。それで、自己満足などというものがあるのでしょうか？　わたしたちにとって、自己満足とは何を意味しているのでしょう？　自己満足とは、わたしたちにとって、自己拡大を意味しています——「わたし」

がもっと広がり、偉大に、重要になる、「わたし」が知事に、重役に、銀行頭取になる、等々です。さて、この問題にもう少し深く分け入ってみるなら、この自己の行動があるかぎり、つまり行動のなかに自己意識があるかぎり、必ず欲求不満があり、したがって必ず苦しみがあることが見えてくるでしょう。ですから、わたしたちの問題は、どのように苦しみを克服するかでも、どのように葛藤を押しのけるかでもなく、自己の性質を、「わたし」を理解することなのです。話があまり複雑になっていないといいのですが。もし、わたしたちが葛藤を克服しようと試み、悲しみを押しのけようと試みるだけなら、悲しみの創造者の性質は理解できません。

思考がそれ自身の改善、それ自身の変容、それ自身の進歩に関心をもっているかぎり、必ず葛藤があり、矛盾があります。ですから、その葛藤、苦しみは、わたしたちが自分自身を理解しないかぎり存在するだろう、という明白な事実に戻ってきます。したがって、自分自身を理解することは、悲しみと葛藤をどう克服するかを知るよりも、はるかに重要です。これについては、のちにもっと深く探究できるでしょう。しかし、儀式を通じて、娯楽を通じて、信念を通じて、あるいはその他のかたちの気晴らしを通じて悲しみから逃れようとすれば、みなさんの思考はどんどん肝心の課題から、つまり自分自身を理解することから離れていってしまいます。苦しみを理解するには、あらゆる逃避が終息するしかなく、そのときのみ、みなさんは行動している自分自身と直面できるのです。そして、行動している自分を――それは関係性です――理解するなかで、みなさんは思考をあらゆる葛藤から完全に解放する道を発見し、幸せな状態で現実を生きることになるでしょう。

J．クリシュナムルティ作品集　第五巻
一九四八年十一月十四日　ニューデリー

【質問11】

質問者：あなたは、すべての衝動は本質的には同じだ、とおっしゃいました。それは、神を追求する者の衝動は、女性を追いかけたり酒に自分を失う者の衝動と違わない、という意味ですか？

クリシュナムルティ：すべての衝動が似たり寄ったりだというのではありませんが、しかしどれも衝動であることに変わりありません。みなさんは神への衝動を有し、わたしは酒を飲みたいという衝動をもっているかもしれませんが、どちらも——みなさんはある方向へ、わたしは別の方向へ——突き動かされ、駆り立てられています。みなさんの方向は尊敬され、わたしのはそうではない。それどころか、わたしは反社会的です。けれども、精神が美徳や神に占拠されている隠者や僧侶、いわゆる宗教的な人々は、本質的には、精神を事業や女性、あるいは酒に占拠されているひとと同じです。なぜなら、どちらも占拠されているのですから。おわかりになりますか？　一方には社会的価値がありますが、もう一方の酒に精神を占拠されているひとは社会的不適合者です。ですから、みなさんは社会的見地から判断なさる。そうではありませんか？　僧院にこもって朝から晩まで祈り、一日の何時間かは庭仕事をするひと、その精神はすっかり神に、苦行に、自己鍛錬に、自己コントロールに占拠されています——その彼を、みなさんは偉大なる聖者と見なし、非凡な人間と考えます。いっぽう、事業を追求し、株取引を巧みに行ない、すべての時間を金儲けに費やしているひとについて、みなさんは「ああ、彼はほかのわれわれと同じ、ただの普通の人間だ」と言います。けれども、どちらも占拠されているのです。わたしにとっては、精神が何に占拠されているかは重要ではありません。精神を神に占拠されているひとは、決して神を発見しないでしょう。なぜなら、神は占拠されるような何かではないからです。それは未知であり、測り知れません。みなさんは自分自身を神に占拠させることはできません。それは神を考える安っぽいやり方です。

重要なのは、精神が何に占拠されているかではなく、占拠されているという事実です。それが台所であろうと、子供たちであろうと、娯楽であろうと、何を食べようかなということであろうと、あるいは美徳であろうと、神であろうとかまいません。では、精神は占拠されていなければならないのでしょうか？　話についてきていらっしゃいますか？　占拠された精神は何か新しいものを、自らが占拠されている以外の何かを発見できるでしょうか？　そして、精神が占拠されていなければ、何が起こるでしょう？　おわかりになりますか？　占拠されていなければ、精神はあるのでしょうか？　科学者は技術的な問題に、力学や数学に占拠されています。主婦が台所や赤ん坊に占拠されているのと同じように。わたしたちはみな、占拠されていない状態を、その社会的意味合いをとても恐れています。もし、占拠されていなければ、そのひとはあるがままの自分自身を発見するかもしれない。ですから、占拠とはあるがままからの逃避になるのです。

さて、精神はいつまでも占拠されていなければならないのでしょうか？　精神が占拠されずにいるのは可能でしょうか？　わたしはみなさんに答えのない質問をしています。みなさんご自身で発見しなければならないからです。そして、みなさんが発見したときには、じつにとてつもないことが起こるのがおわかりになるでしょう。

自分の精神がどのように占拠されているかを、自分自身で発見するのはとても興味深いことです。芸術家は芸術に、自分の名前に、進歩に、色の混合に、名声に、悪評に占拠されています。知識人は自分の知識に占拠され、自己知を追求しているひとは自己知に占拠されていて、小さなアリのように、あらゆる思考、あらゆる動きに気づこうと試みています。このひとたちはすべて同じです。まったく占拠されていない、完全に空っぽな精神――そのような精神だけが新しい何かを受け取ることができるのであり、そこには占拠はまったくありません。ですが、精神が占拠されているかぎり、その新しい何かが現われることはないのです。

J．クリシュナムルティ作品集　第九巻
一九五五年八月十四日　オーハイ

【質問12】

質問者：わたしたちが死んだとき、もう一度、この地上に生まれるのでしょうか？　それとも、どこか別の世界に行くのですか？

クリシュナムルティ：いまの質問は、老いも若きもわたしたちみんなが関心のあることですね。そうではありませんか？　そこで、この問いを少し深く掘り下げてみようと思います。みなさんも、ただ言葉を追うのではなく、これからみなさんと行なおうとしている議論に、実際の経験としてついてきていただきたいと願っています。

わたしたちはみんな、死が存在することを知っています。とくに老人はそうですし、それを観察している若者もそうです。若者は言います。「そのときが来るまで待っていよう。そのときに対応すればいい」と。そして、すでに死が近い老人はさまざまなかたちの慰めにすがるのです。

どうか、これについてご自身のこととして追求し、考えてみてください。ひとごとにしないでいただきたい。なぜなら、みなさんはいずれ死ぬことを知っており、それについての持論ももっていらっしゃるのだから。そうではありませんか？　みなさんは神を信じ、復活を、あるいはカルマと再生を信じていらっしゃる。そしてみなさんは、ここか、あるいは別の世界に生まれ変わるだろう、と言う。あるいは死を合理化し、死は不可避だ、誰にでも起こることだ、と言う。木は枯れて、大地の肥やしとなり、新しい木が生えます。あるいは、日常の懸念や不安、嫉妬、羨望、競争や富のことで頭がいっぱいで、死についてはぜんぜん考えていないかもしれません。けれども、それはみなさんの精神のなかにあります。意識的、あるいは無意識的に、そこにあるのです。

第一に、みなさんは死に向かって培ってきた信念や関係性、あるいは無関心から自由になれますか？　いま、それらすべてから自由になれますか？　なぜなら、大切なのは生きているうちに、充分に意識があって活動的で健康なうちに死の家に入ることで、死が来るまで待っていないことなのですから。死は事故によって一瞬のうちにみなさんを運び去ってしまうかもしれません。あるいは、病気によってゆっくりと意識を混濁させていくかもしれません。死が来るとき、それはとてつもない、生と同じように重大な瞬間であるはずです。

さて、わたしは、そしてみなさんは、生きているうちに死の家に入れるでしょうか？　それが問題です――生まれ変わりがあるかとか、あるいは再生する別の世界があるか、といったことは、どれもみな、じつに未熟で、じつに子供じみています。生きているひとは、決して「生きるとは何か？」と問いません。そして、そのひとには生きることに関する持論はないのです。半分しか生きていないひとが、生きる目的について語るのです。

それでは、みなさんは、そしてわたしは、生きているうちに――意識があって、活動的で、何であろうともすべての能力を有しているうちに――死とは何かを知ることができるでしょうか？　そしてそのとき、死は、生と異なるのでしょうか？　わたしたちの大半にとって、生は、わたしたちが永遠と考えるものの継続です。名前、家族、資産、経済的もしくは霊的な既得権益としてのものごと、培ってきた美徳、感情的に獲得してきたものごとなど——そのすべての継続を、わたしたちは願います。そして、わたしたちが死と呼ぶものは、未知の瞬間です。ですから、わたしたちは怯えます。それで、慰めとなるものや何らかの種類の安らぎを見つけようとします。死後の生があるのかを、その他たくさんのことを知りたがります。それらはみな、どうでもいい問題です。怠け者にとっての、生きているあいだに死とは何かを発見したがらないひとたちにとっての問題にすぎません。それでは、みなさんは、そしてわたしは、発見できるでしょうか？

死とは何でしょう？　それが、みなさんが知っているすべての完璧な停止であることは確かです。知っているすべての停止でなければ、それは死ではありません。もし、みなさんがすでに死を知っているなら、そのとき、恐れることは何もありません。しかし、みなさんは死を知っていますか？　つまり、みなさんは生きているうちに、非永久的なもののなかで継続する何かを見つけようとする絶え間ない闘いに終止符を打つことができますか？　みなさんは知り得ないもの（the unknowable）を、わたしたちが死と呼ぶ状態を、生きているうちに知ることができますか？　本で読んだことや、慰めを求める無意識の願望が生み出す、死後に何が起こるかという説明のすべてをしりぞけ、とてつもないものに違いないその状態をいま味わう、あるいは経験することができますか？　その状態をいま経験できるなら、生と死は同じものなのです。

それでは、わたしは——膨大な教育を受け、知識を有し、数えきれない経験や闘いや愛や憎しみを有しているわたし――その「わたし」は、終わりに達することができるでしょうか？　その「わたし」とは、そのすべてが刻まれている記憶ですが、その「わたし」は、終わりに達することができるでしょうか？事故や病気によって終止符を打たれるのではなく、みなさんとわたしは、ここにこうしているあいだに、その終わりを知ることができるでしょうか？　それができれば、みなさんはもう、死と継続について――死後の生があるかというような――愚かな質問をしないだろうということが、おわかりになるでしょう。そのときには、みなさんはご自身で答えを知るでしょう。なぜなら、知り得ないものが現われるからです。そのとき、みなさんは生まれ変わりのようなわけのわからないことをすべてしりぞけるでしょう。そして、多くの恐怖は――生の恐怖と死の恐怖、老いて面倒を見てくれるひとたちに迷惑をかける恐怖、孤独や依存の恐怖は――すべて終わりになるでしょう。これは空疎な言辞ではありません。精神が自らの継続という観点から考えるのをやめたときにだけ、知り得ないものが現われるのですから。

J．クリシュナムルティ作品集　第九巻
一九五五年八月二十一日、オーハイ

【質問13】

質問者：わたしは神に祈ります。そして、わたしの祈りは答えられます。これは神の存在の証拠ではないでしょうか？

クリシュナムルティ：あなたが神の存在の証拠をもっているなら、それは神ではありません（笑い）。なぜなら、証拠とは精神のものですから。精神はどうやって神の存在を、あるいは非存在を証拠だてられるのでしょう？　ですから、あなたの神とは、ご自分の満足や好み、幸福や快楽に、あるいは恐怖に基づいた精神の投影です。そんなものは神ではなく、単なる思考による創造、既知のもの（the known）の投影であり、それは過去です。既知は神ではありません。精神はそれを求めるかもしれないし、積極的に神を探すかもしれませんが。

質問者は、祈りは答えられたとおっしゃって、それが神の存在の証拠ではないか、と尋ねています。あなたは愛の証拠を欲しているのですか？　誰かを愛したとき、あなたは証拠を探しますか？　愛の証拠を要求するとしたら、それは愛ですか？　あなたが妻を、子供を愛していて、その証拠を欲するなら、その愛はきっと取引です。ですから、あなたの神への祈りは単なる取引です（笑い）。いや、笑わないで、事実として真剣に見つめてください。質問者はご自分が神と呼ぶものに対して、懇願と嘆願を通じてアプローチしています。犠牲を通じて、義務を通じて、責任を通じて、リアリティを発見することはできません。なぜなら、それらは目的のための手段ですが、目的は手段と異ならないからです。手段は目的なのです。

質問のもう一つの部分、「わたしは神に祈ります。そして、わたしの祈りは答えられます」について吟味してみましょう。あなたはどんな意味で祈りとおっしゃっているのでしょうか？　あなたは楽しいとき、幸せなとき、混乱がないとき、惨めでないときに、祈りますか？　あなたは惨めなとき、邪魔があるとき、恐怖があり、混乱があるときに祈ります。その祈りは懇願であり、嘆願です。惨めなとき、あなたは誰かに助けてもらいたい、より高い存在に助けの手を差し伸べてもらいたいと思う。その懇願のプロセスの別のかたちが祈りと呼ばれるのです。それでは、何が起こっているのでしょう？　あなたは誰かに物乞いの鉢を差し出しているのです。その誰かが誰なのかは——天使であろうが、あなたが神と呼ぶご自身の投影であろうが——どうでもいいことです。乞い願っているとき、あなたは何かを有しています。ですが、その何かが現実であるか、そうでないかはまた別の問題です。あなたはご自分の混乱や惨めさを解決したい。そこで、伝統的なフレーズを持ち出し、信仰を発動する。そして、継続的な繰り返しは、たしかに精神を静めます。けれども、それは静寂ではない——精神は単に鈍くなって眠りに就いただけです。その作られた静寂のなかで嘆願するとき、答えがあります。しかし、それはぜんぜん神の答えではありません——それはご自身の飾り立てた投影から来ているのです。

ここに、質問への答えがあります。ですが、あなたはそのすべてを探究したいとは思われない。それで、質問をされた。あなたの祈りは嘆願です——あなたはただ、自分の祈りに応答があり、それを得ることに関心があるだけです。なぜなら、問題から解放されたいからです。何かがあなたの心を悩ませていて、あなたは祈りによって自分自身を鈍らせ静めます。その見せかけの静寂のなかに応答があります――明らかに満足のいくものでしょう。そうでなければ、あなたはそれを拒否するはずだからです。あなたの祈りは満足のいくもので、だからこそ、それは、あなた自身が創り出したものなのです。あなたを救い出すのは、あなたご自身の投影です――それは、祈りの一つのタイプです。それから、精神を静めて受容可能にし、オープンにするための意図的な祈りのタイプがあります。精神が伝統に、過去の背景に条件づけされているとき、どうしてオープンになれるでしょう？　オープンであるとは、理解を、見極め得ないものについていく能力をもっている、ということです。精神が抑えられ、信念につながれていたら、オープンにはなれません。無理やり精神をオープンにするとき、受け取る答えは何であれ、明らかにそれ自身の投影です。精神が条件づけられていないとき、生じる問題のそれぞれにどう対応すべきかを知っているとき、そのときだけ、そうなってはじめて、問題はなくなります。背景が継続しているかぎり、それは問題を創り出すはずです。継続があるかぎり、混乱と惨めさは、ますますひどくなっていくに違いありません。受容力とは、「あるがまま」に対して非難も正当化もせず、オープンである能力です。そして、あなたが祈りを通じて逃げようとしているのは、その「あるがまま」からなのです。

J．クリシュナムルティ作品集　第六巻

一九五〇年一月八日　コロンボ

【質問14】

質問者：激しい苦悶と絶望の瞬間、わたしは何の努力もなしに、「彼」を知らずに、「彼」に降伏して身を委ねます。すると絶望が消えるのです。そうでなければ、わたしは破滅するでしょう。この降伏（surrender）とは何なのでしょうか。そして、これは間違ったプロセスですか？

クリシュナムルティ：知らない何かに意図的に降伏して自らを委ねる精神は、間違ったプロセスを歩んでいるのであって、愛や謙遜をまったく有していないのに、意図的に愛や謙遜を培うひとと同じです。わたしが暴力的なときに非暴力であろうとしても、わたしはやはり暴力的です。わたしが謙遜を実践しようとしていたら、それは謙遜ですか？　それはただの体面であって、謙遜ではありません。この真理がおわかりになりますか、みなさん？　何と気の利いたセリフだと微笑まないでください。気の利いたセリフではないのですから。善であれと意図的に自分を説得するひと、神と呼ぶ何かに、あるいは「彼」に降伏して自分自身を委ねるひとは、意図的に、自発的に、意志的な行動として、そうしています。そんな降伏は降伏ではありません。自己忘却であり、置き換えであり、代用、逃避です。自己暗示、ドラッグ摂取、あるいは無意味な言葉の繰り返しのようなものです。

わたしは、意図的ではない降伏、まったく求められず、要求されない降伏があると思います。精神が何かを要求するときは、それは降伏ではありません。精神が平和を求めているとき、「わたしは神を愛している、神の愛を追求している」と言いますが、それは愛ではありません。精神の意図的な活動はすべて、精神の継続であり、継続しているものは時間のなかにあります。時間が停止したときにのみ、リアリティの現存（the being）があり得るのです。精神は降伏できません。精神にできるのは静かになることだけですが、その静かさは絶望や希望があるときには生じ得ません。みなさんが絶望のプロセスを理解しているなら、精神が絶望の意味全体を見ているなら、その真理をみなさんは目にするでしょう。みなさんが何かを欲し、欲するものを得られないとき、絶望することになります——それは自動車かもしれず、女性かもしれず、神かもしれません。どれもみな、質的には同じです。何かを欲するとき、欲することそのものが絶望の始まりなのです。絶望とは欲求不満を意味しています。みなさんは欲するものを得れば満足するでしょうが、欲するものを得られないので、「神に降伏し身を委ねなければならない」と言います。欲するものを得れば、完全に満足するでしょう。けれども、その満足はまもなく終わりになり、また別のものを追い求めることになるだけです。そうやって、みなさんはいつも満足の対象を変えていきます。それが、それにつきものの報酬を、苦痛を、苦しみを、快楽をもたらします。

どんな種類の欲望も欲求不満と絶望をもたらすことを、つまり、希望の二重の葛藤を理解なさるなら、「どうして自分はこんな状態なんだ？」などと言わずに、その事実をほんとうに見るなら、欲望が苦痛をもたらすことをただ見るなら、そのときは、見ることそのものがあり、欲望は沈黙します。無選択に、純粋に、シンプルに、「精神とは騒がしく、精神は常に動いており、常に苦闘している」と気づいているなら、気づきそのものが、その騒がしさの終息を無選択にもたらします。気づきは大切なことです。

絶望を追い払うことや沈黙が大切なのではありません。純粋な英知とは、気づきがあって、そこに選択がなく、かつまた精神が沈黙している、そういう精神の状態です。その沈黙の状態には、「現存《ビーイング》」があるだけです。そのとき、リアリティが出現し、時間のない驚くべき創造性が生まれます――現に存するものとして。

J．クリシュナムルティ作品集　第八巻
一九五四年二月十日　ボンベイ

【質問15】

質問者：あなたによれば、真の瞑想（true meditation）とは何でしょうか？

クリシュナムルティ：さて、瞑想の目的とは何でしょうか？　わたしたちは瞑想という言葉で何を意味しているのでしょう？　みなさんが瞑想していらっしゃるかどうか、わたしは知りません。そこで、真の瞑想とは何なのか、ご一緒に調べてみましょう。どうか、ただわたしの言葉を聞くだけではなく、真の瞑想とは何なのかを一緒に見出し、体験してみましょう。なぜなら、瞑想は重要だからです。そうではありませんか？　正しい瞑想を知らなければ、自己知もありませんし、自分自身を知らなければ、瞑想には何の意味もありません。片隅に座ったり、庭や通りを歩いて、瞑想をしようとしても、何の意味もないのです。それでは一種独特の集中につながるだけで、それは排除です。きっと、みなさんのなかには、そのような方式をいろいろと試したひとたちがいらっしゃるでしょう。特定の対象物に集中しようとしたり、あちこちに彷徨《さまよ》いだす精神を無理やり集中させようとする、ということです。そして、それに失敗すると、みなさんは祈るのです。

そこで、正しい瞑想とは何かをほんとうに理解したいなら、わたしたちが瞑想と呼んでいるまがい物は何かを発見しなければなりません。明らかに、集中は瞑想ではありません。なぜなら、観察してみれば、集中のプロセスには排除があり、したがって、そこには気が散ることがあるからです。みなさんは何かに集中しようとするが、精神は別の何かに向かって彷徨いだします。一つに集中しようとするが、精神は拒否して彷徨いだすので、絶え間ない闘いが続きます。ですから、わたしたちは何年もかけて集中しようとするし、集中を学ぼうとして、それが間違って瞑想と呼ばれます。

それから、祈りの問題があります。祈りは明らかに結果をもたらします。そうでなければ、何百万ものひとが祈ることはないでしょう。そして祈りのなかで、精神は明らかに静かになります。ある文句を一定して繰り返すことで、精神は静かになるのです。その静寂のなかには、明らかに、ある種の暗示、ある種の知覚、ある種の応答があります。けれども、それはやはり、精神のトリックの一部です。なぜなら、結局のところ、ある催眠術のかたちを通じて精神を非常に静かにすることができるからです。その静寂のなかには無意識から生じた、また意識の外部から生じた、ある種の隠れた応答があります。しかし、それは依然として理解がまったくない状態なのです。

それから、瞑想は帰依ではありません――ある観念、ある像、ある原理への帰依ではないのです――なぜなら、こうした精神の事柄は依然として偶像崇拝だからです。ひとは彫像を崇拝したりはしないかもしれません。そんなのは偶像崇拝で馬鹿げている、迷信だと考えるからです。けれども、ほとんどのひとたちと同じように、精神のなかの事柄を崇拝するのです――それもまた、偶像崇拝です。そして、ある像、ある観念、ある師に帰依することは、瞑想ではありません。明らかに、それは自分自身からの逃亡の一つのかたちです。たいへん心地よい逃亡ですが、依然として逃亡です。

それから、有徳であろうとする絶え間ない闘いも、つまり、規律や慎重な自己検証等々を通じて徳を身につけようとすることも、明らかに瞑想ではありません。わたしたちのほとんどは、このようなプロセスに囚われています。そして、それでは自分自身を理解することはできませんから、これも正しい瞑想方法ではありません。結局のところ、自分自身の理解がなかったら、正しい思考の基盤として何があるというのでしょう？　自分自身の理解なしに行なうことはすべて、背景への同調、条件づけへの応答です。そして、そのような条件づけへの応答は瞑想ではありません。しかし、その応答に気づいていること、つまり、どんな非難の感覚もなしに思考と感情の動きに気づいていること、それによって自己の動き、自己のあり方が完全に理解されていること——そういうやり方は正しい瞑想法です。

瞑想は生活から撤退することではありません。瞑想とは自分自身の理解のプロセスです。そして自分自身を、それも意識だけでなく自分自身の隠れた部分まですべて理解し始めると、そこには静謐が生じます。瞑想によって、強制によって、同調によって静かになった精神は、静かな精神ではありません。それは停滞した精神です。鋭敏で、受動的で、創造的な受容力がある精神ではありません。瞑想には絶え間ない観察が、あらゆる言葉、あらゆる思考、あらゆる感情への絶え間ない気づきが求められます。それらは自分自身の状態を、表面だけでなく隠れた部分まで露わにします。そして、この気づきはとても骨が折れるので、わたしたちはあらゆる種類の慰めやらごまかしに逃げ込み、それを瞑想と呼ぶのです。

もし、自己知が瞑想の始まりだということがわかるなら、問題はとてつもなく興味深く、また決定的に重要になります。なぜなら、結局のところ自己知がなかったら、瞑想と呼ぶものを実践したところで、依然として自分なりの原理や家族や資産に執着しているかもしれず、資産を放棄しても観念に執着しているかもしれず、それに集中するあまり、ますますその観念を創り出しているかもしれないからです。たしかに、それは瞑想ではありません。ですから、自己知が瞑想の始まりです。自己知がなければ、瞑想もありません。そして、自己知という問題に深く深く分け入っていくなら、精神の上層が静謐になり静かになるだけでなく、隠れた異なる層が露わになります。精神の表層が静かになると、無意識が、意識の隠れた層が、それ自身を投影します。それによって、その中身が露わになります。その暗示によって、そのひとの存在のプロセス全体が完全に理解されるのです。

ですから、精神はきわめて静かになります——精神は静かです。作られた静寂ではなく、報償や恐怖によって強制された静寂でもありません。そこには沈黙があり、その沈黙のなかでリアリティが姿を現わします。けれども、その沈黙は、キリスト教徒の沈黙でも、ヒンドゥー教徒の沈黙でも、仏教徒の沈黙でもありません。その沈黙は沈黙であり、名づけられるものではないのです。ですから、みなさんがキリスト教徒の、あるいはヒンドゥー教徒の、仏教徒の沈黙の道をたどるなら、決して沈黙することはないでしょう。したがって、沈黙を発見するひとは自分の条件づけを——キリスト教徒であれ、ヒンドゥー教徒であれ、仏教徒であれ、その他のどんな集団であれ——完全に捨てなければなりません。瞑想を通じ、同調を通じて背景を強化するだけなら、精神は停滞し、鈍くなります。それをわたしたちのほとんどが望んでいないかどうか、わたしには定かではありません。なぜなら、パターンを創り出して従うことのほうがはるかに容易だからです。しかし、背景から自由になるには、関係性に対する絶え間ない観察が要求されるのです。

そして、いったんその沈黙が生じると、とてつもなく創造的な状態になります――詩を書いたり、絵を描いたりしなければならない、ということではありませんよ。それはしてもしなくてもかまいません。けれども、その沈黙は、追求したり、手本にして写し取ったり、真似したりするものではありません。そんなことをすれば、沈黙は終わります。そこには、どんな道を通っても到達することはできません。それは、自己のあり方が理解されたときにだけ生じます。そのとき、自己は、そのすべての活動や悪癖とともに終了します。つまり、精神が創造することをやめる、そのときに、創造があるのです。ですから、精神は、シンプルにならねばならず、静かにならねばならず、静かでなければなりません――「なければならない」は間違いですね。精神が静かでなければならないと言うのは、強制を意味しますから。そして、精神は、自己のプロセス全体が終了したときにのみ、静かなのです。自己のあり方のすべてが理解されたとき、それによって自己の活動が終了したとき――そのとき、あるのは沈黙だけです。その沈黙が真の瞑想であり、その沈黙のなかに、永遠が現われます。

J．クリシュナムルティ作品集　第五巻

一九四九年十月二十三日　ロンドン

【質問16】

質問者：わたしの知るかぎり、霊的な教師のなかで、内なる安らぎ（inner peace）を達成するための瞑想システムを提供しないのはあなただけです。わたしたちはみな、内なる安らぎが必要であることに同意していますが、東洋のヨーガであれ、西洋の心理学であれ、技術の実践なしに、どうすれば、それを達成することができるのでしょうか？

クリシュナムルティ：教師が、霊的な教師とその追随者がいるということは、じつに残念なことではありませんか？　みなさんは教師を見つけて追随者になったとたん、見出し発見するために常に燃やし続けていなければならない炎を破壊してしまうのではありませんか？　助けてくれる教師を求めるとき、その教師は、みなさんが求めている真理よりも重要になりはしませんか？　ですから、教師と追随者という姿勢はやめようではありませんか。そのようなことを完全にわたしたちのやり方から排除し、わたしたちのそれぞれに影響している問題そのものに注意を払うことにしましょう。どんな教師も、みなさんが真理を発見する助けはできないことは明らかです。ひとはそれを自分自身のなかに発見しなければなりません。痛み、苦しみ、探究を経由して進まなければならないのです。ものごとは自分自身で発見し、理解しなければなりません。しかし、特定の教師の追随者になれば、緩慢や怠惰を助長し、精神が暗くなりはしませんか？　もちろん、さまざまな教師がいて、さまざまなグループがあり、互いにぶつかり合い、競争し合い、宣伝しています——それらをめぐるくだらないことは、みなさんご存じでしょう。

ですから、追随者と教師という問題全体が馬鹿馬鹿しくて、子供じみているのです。この問題で重要なのは、こういうことです。東洋であれ西洋であれ、安らぎを達成する方式（method）があるのだろうか？　もし、ある方式を実践することで安らぎが達成されるなら、その達成された、みなさんが安らぎと呼ぶものは、生きた質を有してはいません。それは死んでいるのです。みなさんは規定によって安らぎとはどうあるべきかを知り、そこに向かうためにたどるべき道を設定します。その安らぎがみなさん自身の欲望の投影であることは確かです。そうではありませんか？　したがって、それは安らぎではありません。みなさんが欲しているものであり、あるがままのみなさんの対立物です。わたしは葛藤し、惨めで、矛盾した状態にある。わたしは不幸で、暴力的で、避難所を、そこなら動揺しないであろう状態を欲している。それで、わたしはさまざまな教師や導き手のもとに行きます。書物を読み、わたしが欲するものを約束する修行に励みます。わたしは安らぎを得るために抑圧し、コントロールし、同調します。それが安らぎでしょうか？　安らぎとは追求するものではないことは確かです——それはやってくるのです。それは副産物であり、それ自身が目的ではありません。それは、わたしが自分自身のプロセス全体を、自分の矛盾を、欲望を、野心を、プライドを理解し始めたときに、やってきます。けれども、安らぎそのものを目的とするなら、わたしは停滞の状態で生きることになります。それが安らぎですか？

そこで、システムや方式や技術を通して安らぎを求めているかぎり、わたしは安らぎを得るかもしれませんが、その安らぎは同調の安らぎ、死の安らぎです。そして、それがわたしたちの大半が求めているものなのです。わたしは何かのおぼろな気配を感じた、言葉にできない経験をした、そして、その状態で生きていきたい、それが継続して欲しい。わたしは絶対的なリアリティを欲している。絶対的なリアリティはあるかもしれませんし、より大きな、もっと大きな意味をもつ経験もあるかもしれません。ですが、もし、わたしがそのいずれかにしがみつくなら、わたしは緩慢な死を育てているのではないでしょうか？　そして、死は安らぎではありません。ですから、わたしは、その混乱状態に、その葛藤の状態に、どんな安らぎがあるのか、どうにも想像できません。わたしに想像できるのはその対立物であり、あるがままのわたしの対立物は安らぎではありません。ですから、技術は、あるがままのわたしの対立物である何かを得る助けになるだけです。そして、あるがままのわたしを理解することなしに——意識だけでなく、無意識のレベルでも、そこに完全に分け入ることなしに——つまり、自分自身のプロセス全体を理解することもなく、単に安らぎを求めたところで、ほとんど意味はありません。

おわかりでしょうが、わたしたちの大半は怠け者です。だらしないのです。助けてくれる教師、僧院を欲しています。わたしたちは、それがどれほど漠然としていて、微妙で、とらえがたいものであっても、自らの絶え間ない気づきを通じ、自らの探究を通じ、自らの経験を通じて、自分自身で見出したいとは思っていないのです。ですから、わたしたちは教会やグループに参加し、あれこれの追随者となります——それは、ある面では苦闘があり、ある面では無気力が培われることを意味しています。しかし、ひとがほんとうに見出したい、直接に体験したいと望むなら——その経験とは何なのかは別の機会に議論できるでしょう——そのようなあれこれのすべてを捨てて自分自身を理解することが不可欠であることは確かです。自己知は智慧の始まりであり、それだけが安らぎをもたらすことができるのです。

J. クリシュナムルティ作品集 第七巻
一九五二年八月十日 オーハイ

【質問17】

質問者：思考はいつでも際限なく続き、続き、続いていきます。どうすれば、それを止められますか？

クリシュナムルティ：わたしが「知りません」と言ったら、あなたはどうなさいますか？　わたしはほんとうに知らないのです。どうか、お話することをよく聴いてください。じつにたくさんの方法が試されてきました――僧院に入る、何かのイメージや理論や概念に自分自身を同一化する、規律や瞑想や強制や抑圧を通じて思考を止めようと試みる。ひとは可能なあらゆることを試み、何千もの異なるやり方で苦行してきました。なぜなら、考えることは悲しみでいっぱいになることだとわかっているからです。どうすれば、それができるのでしょうね？　そこにはいくつかの事柄がかかわっています。みなさんがそれを止めようと努力したとたん、それは問題になります。矛盾があるのです。みなさんはそれを止めたいが、しかし、それは続いて、続いて、続いていきます。その矛盾それ自体が葛藤を生み出すのです。ですから、あらゆる矛盾は葛藤を生み出します。それでは、みなさんは何をしてきたのでしょう？　みなさんは思考を止めはせず、新しい問題、つまり葛藤を導き入れたのです。思考を止めようとするどんな努力も、思考をさらに養い、さらにエネルギーを与えるだけです。みなさんは思考しなければならないことをよくご存じです。あらゆるエネルギーを動員する必要があり、明晰に、曇りなく、まともに、合理的に、論理的に考えなければならない。けれども、みなさんはそのまともで合理的で論理的な思考が思考を止められないこともご存じです。それはどんどん続いていきます。

では、どうすればいいのでしょう？　どんなかたちの抑圧も、どんなかたちの規律、抑圧、抵抗、あるいは思考を止めなければならないという観念への同調も、徒労であることをみなさんはご存じです。みなさんは、そのすべてを断念した。そうではありませんか？　もしそうなら、これからどうすればいいのでしょうか？　みなさんは、絶対的に何もしないのです！　まず最初に、みなさんは、それを止めなければならないと考える。それは観念であり、その裏には動機があります。みなさんはそれを止めたい。なぜなら、思考は問題を解決しないからです。では、精神は――その一部だけではなく、その断片でもなく、神経も、脳も、感情も、あらゆることを含む、精神全体として――精神は、それについては何もできないことを自覚できるでしょうか？　そしてそのとき、それは継続するでしょうか？　みなさんは、それが継続しないことを発見なさるでしょう。

J．クリシュナムルティ作品集　第十六巻
一九六六年七月十九日　ザーネン

【質問18】

質問者：　あなたがおっしゃる自己知（self-knowledge）とは何でしょうか、そして、どうすればそれが獲得できますか？　出発点は何でしょう？

クリシュナムルティ：それでは、どうか注意深く聴いてください。なぜなら、あなたは自己知について、とんでもない考えを抱いているからです――自己知を得るには実践しなければならない、瞑想しなければならない、そういうあらゆることをしなければならない、と思っていらっしゃる。それはとてもシンプルなのですよ。自己知のその最初の一歩は最後の一歩です。始まりは終わりです。第一歩が大切なのは、自己知とは他者から学べるものではないからです。誰もあなたに自己知を教えることはできません。あなたは自分自身で発見しなければならないのです。あなた自身の発見でなければならず、その発見は何かとてつもない、すばらしいものではありません。それはとてもシンプルです。結局のところ、自分自身を知るとは、自分のふるまい、言葉、日常の関係性のなかで何をしているかを観察すること、それがすべてです。そこから始めれば、気づいていることが、ただ自分のふるまい方、使用人や上司に使う言葉、人々や観念やものごとへの態度を観察するだけのことが、どれほどとてつもなく難しいかがおわかりになるでしょう。自分の思考、自分の動機を関係性の鏡のなかでただ観察するのです。そうすれば、観察した瞬間に訂正したくなるのがおわかりになるでしょう。あなたは言います。「これは良いが、あれは悪い。わたしはあれではなく、これをしなければならない」。関係性の鏡のなかで自分自身をご覧になるとき、あなたは非難や正当化で取り組もうとします。それで、見るものを歪めてしまうのです。そうではなくて、その鏡のなかで人々や観念やものごとへの態度をただ観察するなら、判断も非難も受容もなしに事実をただ見るなら、そのときには、その知覚そのものにそれ自身の動きがあることを見出すでしょう。それが、自己知の始まりです。

自分自身を見つめ、自分がすることや考えること、動機や誘因を観察すること、そして非難も正当化もしないことは、とてつもなく困難なことです。なぜなら、みなさんの文化全体が非難と判断と評価のうえに成り立っているからです。みなさんは「これをしなさい、あれをするな」と育てられてきました。けれども、関係性の鏡のなかで対立物を創り出さずに見ることができれば、自己知には終わりがないことを見出すでしょう。

おわかりでしょうか。自己知への探究は外側への動きで、それがのちに内側へと向きを変えます。わたしたちはまず星を見上げ、それから自分自身の内部を見つめます。同じように、わたしたちはリアリティを、神を、安心安定を、幸福を、客観的世界で探し、それが見つからないと、内側に向かうのです。この内なる神、より高い自己、あるいは何でもいいのですが、それを探し求めることは、自己知を通じて完全に停止し、そのとき、精神は非常に静かになります。規律を通じて静かになるのではなく、ただ理解を通じ、観察を通じ、あらゆる瞬間に無選択にそれ自身に気づいていることを通じて、静かになるのです。どうか、「わたしはあらゆる瞬間に気づいていなければならない」と言わないでください。なぜなら、それは、どこかに行きたいときや特定の状態に到達したいときの、わたしたちの愚かさの単なる現われにすぎないからです。大切なのは、自分自身に気づいていて、その気づきを蓄積なしに維持することです。なぜなら、蓄積した瞬間に、みなさんはその中心から判断するからです。自己知は蓄積のプロセスではありません。それは、関係性における瞬間瞬間の発見のプロセスです。

J．クリシュナムルティ作品集　第八巻

一九五五年二月二十日　ボンベイ

【質問19】

質問者：あなたのおっしゃる気づき（awareness）とはどんな意味か、説明していただけますか。

クリシュナムルティ：ただただ、シンプルな気づきです！　あなたの判断、あなたの偏見、あなたの好き嫌いへの気づきです。みなさんが何かを見るとき、その見るとは、比較、非難、判断、評価の結果です。そうではありませんか？　何かを読むとき、みなさんは判断しています。批判し、非難したり肯定したりしています。気づくとは、まさにその瞬間に、その判断、評価、結論、同調、受容、否定の全プロセスを見ることです。

さて、そうしたすべてなしに気づいていることは可能でしょうか？　現在、わたしたちが知っているすべては評価のプロセスであり、その評価は、わたしたちの条件づけの、背景の、宗教の、倫理や教育の影響の帰結です。そのような、いわゆる気づきは、記憶の結果です――「わたし」としての記憶、オランダ人、ヒンドゥー教徒、仏教徒、カトリック教徒、その他何であれ同じです。それは「わたし」が――わたしの記憶、わたしの家族、わたしの資産、わたしの質が――見て、判断して、評価しているのです。そういうことは、わたしたちにすっかりおなじみのことですね。もし、敏感であるならば、ですが。

さて、そうしたすべてなしの、自己なしの気づきは存在し得るでしょうか？　非難なしにただ見つめる、精神の動きを、自分自身の精神を、判断なしに、評価なしに、「これは良い」とか「これは悪い」と言うことなしに、ただ観察することは可能でしょうか？

自己から発生する気づき、それは評価と判断の気づきで、常に二元性を、対立物――「あるがまま」と「あるべき」――の葛藤を創り出します。その気づきには判断があり、恐怖があり、評価があり、非難があり、同一化があります。それは「わたし（me）」の気づき――自己の、「わたし（I）」の気づきでしかなく、その伝統と記憶のすべてとともにあり、その他のすべてが伴っています。そのような気づきは常に観察者と観察されるものとの、あるがままのわたしとあるべきわたしとの葛藤を創り出します。さて、この非難、判断、評価のプロセスなしに気づいていることは可能でしょうか？　自分自身を、何であれ自分の思考を見つめて、非難せず、判断せず、評価しないことは可能でしょうか？　みなさんがそれを試したことがあるかどうか、わたしは知りません。それはとても大変で骨が折れることです。なぜなら、わたしたちの子供のころからの訓練のすべては、非難か肯定かにつながっているからです。そして、非難と肯定のプロセスには、欲求不満の苛立ちがあり、恐怖があり、執拗な苦痛、不安があり、それはまさに「わたし」の、「自己」のプロセスなのです。

さて、そうしたすべてを踏まえたうえのことですが、精神は努力なしに、非難するまいと試みることなしに――なぜなら、「非難してはならない」と言ったとたんに、すでに非難のプロセスに落ち込んでいるからです――判断なしに気づいていることが可能でしょうか？　平静にただ見つめ、関係性の――ものごととの、人々との、そして観念との関係性の――鏡のなかで、思考と感情そのものを観察することができるでしょうか？　そのような沈黙の観察は無関心や冷たい知性を生み出すことはありません。

逆なのです。もし、わたしが何かを理解するとすれば、明らかに、そこには非難もなく比較もないはずです。そう、それはシンプルです。しかし、わたしたちは、理解は比較から生まれると考え、比較を増殖させせます。わたしたちの教育は比較です。そして、モラル全体も、宗教的な構造も、比較と非難なのです。

ですから、わたしがお話している気づきは、非難の全プロセスへの気づきとその終了です。そこには、どんな判断もない観察があります——これはきわめて難しいことです。あらゆる言語化、名づけの停止、終了を意味するからです。自分は強欲だ、欲張りだ、怒っている、情熱的だ、等々と気づいているとき、それをただ観察すること、非難なしに気づいていることは、はたして可能でしょうか？　それは、まさに感情への名づけを終わらせるという意味です。「強欲」というように名前を与えるとき、その名づけそのものが非難のプロセスです。わたしたちにとっては、神経学的に「強欲」という言葉そのものがすでに非難です。あらゆる非難から精神を解放するとは、あらゆる名づけを終わらせることを意味しています。つまるところ、名づけとは思考者のプロセスです。それは思考する者が自分自身を思考から切り離しているのであり——それはまったく人工的なプロセスです——非現実なのです。存在するのは思考だけです。思考者は存在しません。経験という状態があるだけで、経験する主体はいないのです。

さて、この気づき、観察のプロセス全体は瞑想のプロセスです。それは別の言い方をするなら思考を招きよせる意志です。わたしたちのほとんどにとっては、思考は招かれることなしにやってきます——ある思考から次の思考へと、思考には限りがありません。精神はあらゆる気まぐれな思考の奴隷です。

そこに気がついたなら、みなさんは思考を招くということがあり得るとおわかりになるでしょう――思考を招いて、そこから生じるあらゆる思考を追求するのです。わたしたちのほとんどにとっては、思考は招かれざる来訪者です。あらゆるおなじみの道を通ってやってきます。そのプロセスを理解し、それから思考を招いて、その思考を終わりまで追求すること、それが、わたしが気づきと言っているプロセス全体です。そこには、名づけはいっさいありません。そのとき、みなさんは精神がとてつもなく静かになっているのがおわかりになるでしょう――疲労のせいでも、規律のせいでも、その他どんなかたちの苦行やコントロールのせいでもありません。それ自身の活動への気づきを通じて、精神は驚くほど静かに、穏やかに、創造的になります――どんな規律もどんな強制もなしに、です。

そして、その精神の静かさのなかで、真なるものは招かれなくても現われます。真理を招くことはできません。それは未知です。その沈黙のなかに、経験者はいません。ですから、経験されたことは貯めこまれないし、「わたしの真理の経験」として記憶されることもありません。そのとき、時間のない何かが生まれます――経験者や単に過去の経験を記憶している者によっては測り得ないものです。真理は瞬間瞬間に現われます。それは育てたり、集めたり、貯めこんだり、記憶に留《とど》めたりはできません。それが現われるのは、経験者のいない気づきがあるときだけです。

J．クリシュナムルティ作品集　第九巻

一九五五年五月二十六日　アムステルダム

【質問20】

質問者：お話を聞いていると、あなたはとてもたくさん読書なさっているし、またリアリティに直接的に気づいておられると感じます。そうであるなら、なぜ知識の獲得を非難なさるのですか？

クリシュナムルティ：なぜか、お話しましょう。これは独りでたどらなければならない旅であり、知識と道連れであれば独り旅ではあり得ないからです。もし、あなたがギーターやウパニシャッドを、そして現代心理学をお読みなら、もし、あなたが専門家からご自分についての情報を、それからあなたが努力して追求すべきことについての意見を集めておられるなら、そのような知識は障害です。宝物は書物のなかにではなく、みなさんご自身の精神のなかに埋まっています。そして、精神だけがその宝物を発見できます。自己知をもつとは、精神のあり方を知ること、その繊細さとそこに付随するあらゆる意味合いに気づくことで、そのためには一冊の本も読む必要はありません。実際のところ、わたしはそういったものを何一つ読んでいません。子供の頃、あるいは若い頃には読んだかもしれませんし、聖なる書物の一部をのぞいたこともありますが、それらを学んだことはいっさいありません。そうした勉強をしたいとも思いません。そんなことは退屈です。なぜなら、宝物はどこか別のところにあるからです。宝物は書物のなかにも、グルのなかにもありません。それはみなさんご自身のなかにあり、その鍵はご自分の精神を理解することです。みなさんはご自分の精神を、ヨーガ文献に従ってでもなければ、ものごとを巧みに説明する心理学者に従ってでもなく、自分自身を見つめ、精神の働き方を、それも意識的な精神だけでなく無意識の深層までも観察することによって、理解しなければなりません。ご自分の精神がのびのびと自発的で自由なときに、その精神を観察し、ともにたわむれ、見つめるなら、それは語り得ない宝物を明かしてくれるでしょう。そのとき、みなさんはあらゆる書物の先へ行っているのです。しかし、そのためにはやはり、好事家たちの怠惰な説明などではなく、大変な注意と活力と強力な追求を必要とします。ですから、精神は知識から自由でなければならない。なぜなら、知識に占領された精神は決して「あるがまま」を発見できないからです。

J．クリシュナムルティ作品集　第九巻

一九五六年三月二十五日　ボンベイ

Ⅲ　著作

1. 問題と逃げ道

「わたしはいろいろと深刻な問題を抱えていて、解決しようとすると、よけいに苦しく、苦痛になるようなのです。もう万策尽きて、どうしていいかわかりません。そのうえ、わたしは聴覚障害で、この不快な補助具を使わなければなりません。子供が数人おり、夫は家を出てしまいました。子供たちのことはほんとうに心配で、わたしが経験したような惨めさはどうか味わわないでほしいと思っています」

問題を解決したいと、わたしたちはどれほど必死になることでしょう！　答えを見つけたいと思うあまりに、問題を調べることができないのです。黙って問題を観察することが邪魔されてしまいます。重要なのは問題で、答えではないのです。答えを探せば、見つかるでしょう。でも、問題はそのまま残ります。答えは問題とは関係ないからです。わたしたちが探しているのは問題からの逃げ道で、解決策はうわべだけの薬ですから、そこには問題への理解はまったくありません。すべての問題は一つの源から発します。その源を理解しないかぎり、どんな問題解決の試みもさらなる混乱と惨めさにつながるだけでしょう。まず、きわめて明確にしておかなければならないのは、問題を理解しようという真剣な意志をもち、あらゆる問題から自由になる必要があるとわかっているか、ということです。そのときにのみ、問題の作り手に近づけるのです。問題からの自由がなければ、静謐はまったくありません。静謐は幸福に不可欠ですが、それ自体が目的ではありません。風が止まればプールの水が静止するように、問題が終われば精神は静止します。けれども、精神を意図的に静止させることはできません。そんなことをしたら死んでしまいます。淀んだプールになります。そこをはっきりさせれば、問題の作り手を観察できます。その観察は沈黙していなければならず、快楽や苦痛に基づく、あらかじめ決められたいかなるプランにも従ってはならないのです。

「でも、あなたは不可能なことを要求なさっています！　精神が識別し、比較し、判断し、選択するように、わたしたちは教育されてきました。観察されるものを非難したり正当化しないことは、とても困難です。どうすれば、その条件づけから解放され、沈黙して観察できるのでしょう？」

沈黙している観察（silent observation）と受動的な気づき（passive awareness）が理解には不可欠だとおわかりなら、そのときは、あなたが知覚するその真理が、あなたを背景から解放してくれます。受動的でいながら鋭敏でいる気づきの直接的な必要性がわからないときにだけ、「どうすれば」という、背景を解体する手段を求めたくなるのです。解放してくれるのは手段やシステムではなく、真理です。沈黙している観察だけが理解をもたらす、という真理を見なければなりません。あなたが非難や正当化から自由になるのは、そのときだけです。危険を見たとき、あなたは、どうすれば危険から離れていられるだろう、と問いはしないでしょう。受動的な気づきの必要性が見えていないから、「どうすれば」と問うのです。なぜ、その必要性が見えないのでしょうね？

「そうしたいと思いますが、これまでそんなふうには考えたこともありませんでした。わたしに言えるのは、問題を切り捨てたい、なぜなら本当につらいから、ということだけです。わたしはほかのひとたちのように、幸せになりたいのです」

意識的にせよ、無意識的にせよ、わたしたちは受動的な気づきが不可欠だということを見ようとせず、拒否しています。なぜなら、わたしたちはほんとうは問題を手放したくないからです。問題がなかったら、わたしたちはどうなるでしょう？　わたしたちはどこに導かれるかわからないものを追求するリスクを冒すより、どれほど苦痛でも、知っている何かにしがみついていたいのです。少なくとも、問題にはなじみがあります。けれども、問題の作り手を追求しようと考えると、どこに導かれるかわからないので、わたしたちのなかに恐怖と鈍さが生まれます。精神は問題を心配しないでいると途方に暮れるのです。精神は問題に養われています。それが世界の問題でも、台所の問題でも、政治的あるいは個人的、宗教的もしくはイデオロギー的な問題でも同じです。ですから、問題がわたしたちを小さくし、狭くしています。世界の問題でいっぱいの精神は、自分の霊的な進歩を心配している精神と同じく、小さいのです。問題は精神に恐怖という荷を負わせます。問題は自己に、「わたし（me, mine）」に、力を与えるからです。問題がなければ、達成や失敗がなければ、自己はありません。

「ですが、自己なしに、いったいどうやって、ひとは存在できるのですか？　それはあらゆる行動の源です」

行動が欲望、記憶、恐怖、快楽と苦痛の結果であるかぎり、葛藤、混乱、確執を必ず生み出します。わたしたちの行動は、どのレベルであれ、わたしたちの条件づけの結果です。そして、突きつけられた課題へのわたしたちの応答は不適切で不完全なので、必ず葛藤を作り出します。それが問題なのです。葛藤は自己の構造そのものです。葛藤なしに――貪欲の、恐怖の、成功の葛藤なしに――生きることは、充分に可能です。けれども、それはただの理論的な可能性であって、直接的な経験を通じて発見されないかぎり、実際のものにはなりません。貪欲なしに存在することが可能になるのは、自己のあり方が理解されたときだけです。

「わたしの聴覚障害は恐怖と抑圧のせいだ、とお考えなのですか？　医師は構造的に悪いところは何もないと断言しました。わたしの聴覚障害が回復する可能性はあるのでしょうか？　わたしはこれまでずっと、いろいろな意味で抑圧されてきました。ほんとうにしたいことをしたことは、一度もありません」

内部的にも外部的にも、理解するより抑圧するほうが易しいのです。理解することは大変ですし、子供のころから厳しく条件づけられてきたひとの場合はとくにそうです。どれほど辛くても、抑圧は習慣になります。理解は決して習慣にはならず、型通りの繰り返しにはなりません。それには、絶え間ない観察と鋭敏さが求められます。理解するには柔軟性と感受性が、感傷とは無関係の温かさが必要です。どんなかたちであれ、抑圧は気づきの迅速さを必要としません。それは応答に対応する最も容易で愚かしい方法です。抑圧はある観念やパターンへの同調で、表面的な安定や体面を提供してくれます。理解は解放的ですが、抑圧は常に狭く、自閉的です。権威への、不安定への、意見への恐怖は、イデオロギー的な避難所を築き、身体もそれに対応し、精神はそこへ向かいます。この避難所はどのレベルに置かれているものであっても、恐怖を持続させます。そして、恐怖から、代用品や理想化、規律が生まれるのですが、それらはすべて抑圧のかたちの一つです。抑圧ははけ口を見つけなければならない。それは身体的な病かもしれないし、ある種のイデオロギー的な幻想かもしれません。それぞれの気質や特徴に従って、代償が支払われるのです。

「嫌なことを聞かなければならないときはいつでもこの補聴器に頼ることに、自分でも気づいていました。それで、わたし自身の世界から逃げる助けになるのです。けれども、どうすれば長年の抑圧から自由になれるのでしょう？　それには長い時間がかかるのではありませんか？」

時間の問題ではないのです。過去を調べ上げたり、慎重に分析したりする問題ではないのですよ。抑圧という真理を見るかどうか、ということです。受動的に、何の選択もなしに抑圧の全プロセスに気づいていることで、その真理は即座に見えます。昨日とか明日という観点から考えていたのでは、抑圧の真理は発見できません。真理は時間の経過を通じて把握されるものではありません。獲得されるべき事柄でもありません。見るか見ないかであって、徐々に知覚できるものではないのです。抑圧から自由になりたいという意志は、その真理を理解する妨げとなります。なぜなら、前向きであれ後ろ向きであれ、意志は願望ですし、願望と受動的な気づきは共存できないからです。抑圧をもたらすのは願望あるいは渇望です。その同じ願望が、たとえ今度は意志と呼ばれようと、自らの創造物から自分を解放することは決してできないのです。ここでもまた、意志の真理は、受動的でいながら鋭敏でいる気づきを通じて知覚されるしかありません。分析者は、たとえ対象から自分を引き離したとしても、分析されるものの一部であり、対象によって条件づけされているとおりに分析し、そこから自分を解放することはできません。繰り返しますが、この真理は見るしかありません。解放してくれるのは真理であって、意志でも努力でもないのです。

Commentaries on Living（邦訳『生と覚醒のコメンタリー』春秋社）

2. 強迫観念

彼はつまらない馬鹿馬鹿しいことが気になってならず、その強迫観念は常に変化すると言った。何か身体的な欠陥を想像しては心配し、数時間もすると、また別の出来事や考えで不安になる。彼は次から次へと不安な強迫観念に苛まれて生きているようだ。この強迫観念を克服するために、参考になりそうな本を読んだり、問題を友人に話したり、また心理学者のもとに出かけたりすることを続けていた。しかし、どうしても解決できない。真剣なミーティングに熱中したとしても、そのあとすぐに強迫観念が戻ってくる。彼がその原因を見つけたとして、強迫観念は終わるだろうか？

原因の発見が結果からの自由をもたらすでしょうか？　原因に関する知識が結果を破壊しますか？　わたしたちは戦争の経済的、心理的原因を知っていますが、それでも野蛮さや自己破壊はますます助長されています。結局、わたしたちが原因を探す動機は、結果を切り捨てたい、という願望なのです。この願望は、別のかたちの抵抗、あるいは非難です。そして非難があるかぎり、理解はありません。

「それでは、どうすればいいのですか？」と、彼が尋ねた。

なぜ、精神は、そのような些細で馬鹿馬鹿しい強迫観念に支配されるのでしょう？　「なぜ」と問うことは、あなたが自ら発見しなければならない原因を自分自身とは別のものとして探し求めることではありません。それでは、なぜ、精神は、そんなふうに支配されるのでしょう？　それが表面的で、浅くて、小さくて、それゆえに、自らが魅了されるものにかまけているからではないでしょうか？

「そうです」と、彼は答えた。「それが真実らしく思えます。けれども、それが全部ではありません。わたしは真面目な人間ですから」

その強迫観念のほかに、あなたの思考は何に占拠されていますか？

「仕事です」と、彼は言った。「わたしは責任ある地位にいます。一日中、ときには夜まで、わたしの思考は仕事でいっぱいです。ときには読書もしますが、時間のほとんどは仕事に費やされています」

あなたは、ご自分がなさっていることがお好きですか？

「はい。ですが、完全に満足しているわけではありません。わたしはずっと、自分がしていることに不満なのですが、いまの地位を投げ出すわけにはいきません。わたしには義務がありますし――それに、何年もこうしてやってきました。わたしが困っているのは、そうした強迫観念と、そして仕事や人々への恨みがつのっていることです。わたしは親切な人間ではありませんでした。未来がますます心配になっています。そして、どうしても安らかな気持ちになれないようなのです。仕事はうまくやっていますが、しかし……」

あなたはどうして、「あるがまま」に対してあがき苦しむのですか？　わたしが住んでいる家は騒々しくて、汚くて、家具はひどいもので、どこを見ても美しいものはまったくないかもしれない。けれども、いろいろな理由から、わたしはここに住まなければならない、ほかの家に移るわけにはいかないとします。そのときには、受け入れるかどうかではなく、明らかな事実を見るかどうかの問題です。「あるがまま」を見ないなら、あの花瓶が、あの椅子が、あの絵が嫌で嫌でたまらなくなるでしょう。それが強迫観念になり、人々への、仕事等々への恨みになります。すべてを捨ててやり直すことができるなら、話は別ですが、それはできない。それなら、実際の「あるがまま」に反抗しても、何もいいことはありません。「あるがまま」を認めることは、独りよがりの満足や気楽さにはつながりません。「あるがまま」に降伏すれば、それが理解できるだけでなく、ある種の静寂が精神の表面に浮かび上がってきます。精神の表面が静かでなければ、精神は、実際のものであれ、想像上のものであれ、強迫観念に耽るでしょう。社会改革や宗教的結論に囚われたりします。マスター（霊的導師）や救世主、儀式等々に、です。精神の表面が静かなときにだけ、隠れたものが自ら現われることが可能となります。隠れたものは表に出さなければいけません。けれども、精神の表面が強迫観念や心配で覆われていたのでは、それは不可能です。精神の表面は常に波立っていますから、精神の上層レベルと深層レベルのあいだの葛藤が不可避になるのです。この葛藤が解決されないかぎり、強迫観念はひどくなります。結局のところ、強迫観念とは葛藤から逃げる手段なのです。逃避はすべて似たようなものです。なかには社会的により有害なものがあるのは確かですが。

ひとが強迫観念の、あるいは他のどんな問題でもそうですが、全プロセスに気づいているなら、そのときはじめて、問題からの自由が存在します。広く気づいているには、問題への非難も正当化もあってはいけません。気づきは無選択でなければならないのです。そのように気づいているためには、広範な忍耐と感受性が求められます。思考の全プロセスが観察され、理解されるためには、熱意と持続的な注意が必要なのです。

Commentaries on Living（邦訳『生と覚醒のコメンタリー』春秋社）

3. なぜ、この死の悲しみがあるのか?

瞑想は新たなるものの展開である。新たなるものは過去の反復を超えた向こうの、その上にある――そして、瞑想は反復の終わりだ。瞑想がもたらす死は、新たなるものの不死である。新たなるものは思考の領域内にはなく、瞑想は思考の沈黙である。

瞑想は達成ではなく、ビジョンの把捉でもなく、感覚の興奮でもない。それは川のようなもので、手なずけられず、迅速に流れて岸からあふれ出る。それは音のない音楽だ。飼いならすことはできず、利用するものでもない。その沈黙のなかで、観察者はそもそもの始めから停止している。

太陽はまだ昇っていなかった。木々を透かして明けの明星が見えた。とてつもない沈黙があった。二つの物音、二つの音符のあいだの沈黙ではなく、何の理由もない沈黙だ――世界の始まりにあったに違いない沈黙。それが渓谷全体と丘陵を満たしていた。二羽の大きなフクロウが鳴き交わしていたが、その沈黙は決して乱されなかったし、遠くで遅い月に向かって吠えている犬は、この無限の広がりの一部だった。朝露は特別に重く、丘の向こうに太陽が現われると、朝日の最初の光線の多彩な色と輝きにきらめいた。

ジャカランダの繊細な葉群はしとどの露で重く、小鳥たちが朝の水浴びにやってきて羽ばたいたので、繊細な葉の上の露がその羽を濡らした。カラスはとくに長居で、枝から枝へと飛び回り、頭を葉のなかに突っ込み、羽ばたき、くちばしで羽づくろいをしていた。一本の太い枝に半ダースほどのカラスがおり、ほかのたくさんの小鳥たちが木全体にちらばって朝の水浴び中だ。

この沈黙は、丘陵の向こうまで広がっていくようだった。いつものように子供たちの叫び声や笑い声が聞こえてきて、農場は目覚め始めた。

涼やかな日になりそうで、丘陵はもう太陽に照らされていた。とても古い丘陵——世界で一番古いかもしれない——には、非常にていねいに削り出されたように見える岩々があり、微妙なバランスをとって重なりあっている。しかし、風が吹いて触れても、そのバランスは崩れそうもなかった。

この渓谷は町からはるかに遠く、ここを通過している道は別の村につながっている。道はでこぼこで、渓谷の古代からの静寂を掻き乱す自動車もバスもなかった。牛が牽《ひ》く荷車はあるが、その動きは丘陵の一部に溶け込んでいた。土砂降りの後にだけ水が流れる乾いた川床があって、赤や黄色、茶色が入り混じった色をしていた。それも丘陵とともに動いているように見えた。通り過ぎる村人たちもまた、巌《いわお》のようだった。

一日が過ぎていき、日暮が近くなり、太陽は西の丘陵の向こうに沈みかけ、丘の向こうのはるか遠くから木々を通して訪れてきた沈黙が、小さな藪や古いバニヤンの木を覆った。星々が輝き始めると、沈黙はますます強烈になり、ほとんど耐え難いほどになった。

村では小さなランプが灯り、眠りとともに沈黙の激しさはますます深く、広く、信じられないほど圧倒的になっていった。丘陵でさえも静寂の度をさらに増し、囁《ささや》きや動きを止めて、その巨大な重みを失ったかに思われた。

彼女は四十五歳だと言った。ていねいにサリーをまとい、手首にいくつか腕輪をしていた。一緒にいる年かさの男性は、彼女の叔父だと言った。わたしたちはバニヤンや何本かのマンゴー、明るいブーゲンビリア、のびのびとしたヤシの木がある大きな庭園を見下ろす場所に座っていた。彼女は非常に悲しんでいた。落ち着きなく両手を動かして、あふれ出そうな言葉か、あるいは涙をこらえようとしていた。叔父が言った。「姪のことでお話したくて参りました。彼女の夫が数年前に亡くなり、それから息子が亡くなったのです。彼女は泣きやむことができず、すっかり年老いてしまいました。わたしたちにはどうしていいか、わかりません。医師たちの普通の助言は効果がないようで、彼女は残った子供たちとの触れ合いもなくしてしまっているようです。そして、どんどん痩せていっています。これからいったいどうなるのか、わたしたちにはわからず、彼女がぜひあなたにお会いしたいと言ったのです」

「夫は四年前に亡くなりました。彼は医師で、ガンで死んだのです。わたしにはガンを隠していて、最後の年になったころに、わたしはやっと知らされました。医師たちがモルヒネやほかの鎮痛剤をくれたのですが、夫はひどく苦しみました。彼はわたしの目の前で衰えていき、逝ってしまいました」

涙にむせんで、彼女は口を閉ざした。枝の上でハトが静かに鳴いていた。茶色がかった灰色の小さな頭に大きな身体——といっても、それほど大きくはない。ハトだから。ハトが枝から飛び立ち、その拍子に枝は上下に大きく揺れた。

「わたしはどうしても、夫がいないこの孤独、無意味さに耐えられないのです。子供たちは愛しています。子供は三人でした。男の子に女の子二人です。昨年のある日、息子は学校から、気分がよくないという手紙をよこしました。そして数日後、校長先生からの電話で、息子が死んだと聞かされました」

ここで、彼女はすすり泣きをこらえきれなくなった。そして、息子からの手紙を取り出した。そこには気分がよくないので、家に帰りたい、お母さんが元気でいるように願っている、と書かれていた。息子は自分のことを気遣っていた、と彼女は説明した。息子は学校に行きたがらず、母のもとにとどまりたがった。だが、彼女のほうで自分の悲しみにまきこむことを心配し、行かせたのだった。もう、手遅れだった。二人の娘はまだ小さいので、何が起こっているのかよくわかっていない、と彼女は言った。そしていきなり、彼女は激しく泣き出した。「どうしていいか、わからないのです。この死によって、わたしの人生は土台からぐらついてしまいました。家と同じで、わたしの結婚はしっかりした土台の上に慎重に築かれていたはずでした。でも、この恐ろしい出来事で何もかも破壊されてしまいました」

叔父は信仰のひとで伝統主義者だったのだろう。こう言った。「これは彼女への神のおぼしめしです。彼女は必要な儀式はすべて執り行ないましたが、それでは少しも楽にならなかったのです。わたしは生まれ変わりを信じていますが、彼女はそれではぜんぜん慰められません。それについて話すことも嫌がります。彼女にとってはすべて無意味で、わたしたちは彼女にどんな慰めも与えられないでいます」

わたしたちはしばらく、黙ったまま座っていた。彼女のハンカチはびっしょり濡れていた。引き出しから取り出した清潔なハンカチが、彼女の頬の涙を拭《ぬぐ》うのに役立った。赤いブーゲンビリアが窓からのぞいていて、南からの明るい光が葉の一枚一枚を照らしている。

あなたはこのことについて真剣に――すべての根源にまで突っ込んで――話したいと思いますか？それとも、何らかの説明、知的な議論によって慰めを得、満足のいく言葉によって悲しみから気を逸らしたい、と思っているのですか？

彼女は答えた。「深く掘り下げたいと思います。でも、あなたがおっしゃることに直面する能力、あるいはエネルギーがあるかどうか、わかりません。夫が生きていたとき、あなたの講話を何度か聞いたことがあります。でもいまは、あなたのお話についていくのが、とても難しいのではないかと思うのです」

あなたはなぜ、悲しんでいるのでしょう？　説明はしないでください。それは、あなたの感情を言葉で組み立てるだけのことで、実際の事実ではないでしょうから。ですから、質問をしても、それには答えないでください。ただ聴いて、ご自分で見出してください。どうして、この死の悲しみが——どんな家にも、金持でも貧乏でも、国中で一番の権力者でも物乞いでも——あるのでしょう？　あなたは、なぜ悲しんでいるのですか？　ご主人のためでしょうか——それとも、ご自身のためですか？　もし、ご主人のために泣いているとしたら、あなたの涙は彼の役に立ちますか？　彼は逝ってしまって、どうしようもないのです。あなたが何をしようと、彼を取り戻すことはできません。どんな涙も、信念も、儀式も、神々も、彼を返してはくれないのです。それは、あなたが受け入れなければならない事実です。あなたにはどうすることもできません。けれども、あなたがご自身のために、ご自身の孤独のために、ご自身の空しい人生のために、かつてあった感覚的な快楽と夫とのつながりのために泣いているのなら、あなたはご自分の空しさと自己憐憫のゆえに泣いているのです。違いますか？　たぶん、あなたははじめて、ご自分の内面的な貧しさに気づいたのでしょう。穏やかな言い方をするなら、あなたは夫に投資してきた。そうではありませんか？　そして、そのおかげで慰め、満足、快楽を与えてもらったのではありませんか？　いま、あなたが感じていることは——喪失感、孤独の苦しみ、不安は——自己憐憫の一つのかたちではありませんか？　どうか、そこを見つめてください。心を頑《かたく》なにして、「わたしは夫を愛していた、自分のことはほんの少しも考えていませんでした。わたしは彼を守りたかったのです。たとえ、たびたび彼を支配しようとしたとしても、それはすべて彼のためであり、自分のことなどまったく考えていませんでした」と言わないでください。いま、彼は逝き、あなたはご自分の実際の状態に気づいたのです。そうではありませんか？　彼の死があなたを揺り動かし、あなたの精神と心の実際の状態を示したのです。あなたは、それを見つめたくはないかもしれません。恐怖のせいでそれを拒否しているかもしれませんが、もう少し観察すれば、あなたがご自分の孤独と内面的な貧しさのせいで泣いていることがおわかりのはずです――それは、自己憐憫のせいなのです。

「あなたは、かなり残酷ですね、そうではありませんか？」と、彼女は言った。「わたしはほんとうの慰めが欲しくてやってきたのに、あなたは何を与えてくださるのでしょう？」

内面的な慰めのようなものが存在するというのは――それは、ほとんどのひとたちが抱いている幻想です。誰かがそれを与えてくれる、あるいは自分で見つけられる、というのもそうです。残念ながらそのようなものはないと、わたしは思いますよ。あなたが慰めを求めているなら、幻想のなかで生きることになり、その幻想が破れたときには悲しくなってしまう。慰めが奪われるからです。ですから、悲しみを理解する、あるいはそれを超えるためには、内面的に何が起こっているかを、ごまかさずに実際に見なければならないのです。そういったすべてを指摘することは、残酷ではありません。そうでしょう？　それはしりごみしなければならない醜いものではないのです。あなたがそのすべてを非常に明確に見るとき、あなたは即座に、傷一つなく、非の打ちどころなく、みずみずしく、人生の出来事に痛めつけられずに、そこから抜け出せます。死はわたしたちのすべてにとって不可避です。誰も死から逃れられません。わたしたちは死を超えるためにあらゆる種類の説明を見つけよう、あらゆる種類の信念にしがみつこうとします。けれども、何をしようとも、それは常にそこにあるのです。明日、あるいは角の向こう、あるいは何年か先に——それは常にそこにあります。ひとはこの人生の巨大な事実に触れるほかはないのです。

「しかし」と叔父が、アートマン、魂、永遠に続く存在という伝統的な信念のもとに、口を挟んだ。彼はいま得意の分野に、賢《さか》しい議論と引用で踏み固められた地盤に立っていた。彼が急に背筋を伸ばし、戦闘ののろし、闘いの雄叫びがその目に宿った。共感、愛、理解はどこかへ消えた。彼は自分の聖なる信念、伝統をもとに、条件づけの重さとともに歩んでいた。「しかし、アートマンはわたしたちの誰のなかにもありますよ！　それは、自らがブラフマンだと気づくまで再生しては続くのです。わたしたちは悲しみを通り抜けて、そのリアリティに到達しなければなりません。わたしたちは幻想に生きている。世界は幻想です。あるのは、唯一のリアリティだけです」

そこで、彼は口を閉ざした！　彼女はわたしを見つめた。叔父にはあまり注意を払っておらず、その顔に穏やかな微笑みが浮かび始めた。わたしたちはどちらも、戻ってきたハトを、それから明るい赤いブーゲンビリアを眺めた。

地上にもわたしたちのなかにも、永遠なるものは何も存在しません。思考は考える何かに継続性を与えることができます。思考はそれ自身が永遠だと考えますが、しかし、それは永遠でしょうか？ 思考は記憶の応答です。その記憶は永遠でしょうか？ それはイメージを築き、そのイメージに継続性、永遠性を与え、それをアートマンとでも何とでも好きなように呼ぶことができるし、夫や妻の顔を覚えておくこともできます。これらはすべて思考の活動で、それが恐怖を生み出し、その恐怖から永遠性への衝動が生じます——明日の食事がない、住まいがないという恐怖——死の恐怖。この恐怖は思考の結果であり、ブラフマンもまた思考の産物です。

叔父が言った。「記憶と思考はロウソクのようなものです。ひとはロウソクの火を消して、またつける。忘れて、またしばらくしたら思い出すのです。ひとは死に、生まれ変わって別の人生を生きる。ロウソクの炎は同じで——かつまた、同じではありません。だから、炎のなかには、たしかに継続性という質があるのです」

ですが、消された炎は新しい炎と同じではありません。古いものの終わりがあって、新しいものが存在するのです。常に修正された継続性が存在するなら、新しいものはいっさいありません。一千の昨日は新しくすることはできません。ロウソクでさえ燃え尽きます。すべては、新しいものが存在するために終わらなければなりません。

叔父はもう、引用や信念や誰かの言葉に頼ることができなくなり、自らのうちに引っ込んで静かになった。自分のありのままを突きつけられて途方に暮れ、どちらかというと腹を立てていた。そして、姪と同じく事実と直面したくないのだった。

「わたしは、そういうことはどうでもいいのです」と、彼女は言った。「わたしはどうしようもなく惨めです。夫と息子を失い、二人の子供が残されています。わたしはどうしたらいいのでしょう？」

あなたが二人のお子さんを気遣うなら、ご自分とご自分の惨めさにかかわっていられないはずです。あなたはお子さんたちの面倒を見て、正しく教育し、ありきたりの凡庸さに損なわれないように育てなければなりません。けれども、ご自分の自己憐憫で——それをあなたは「夫への愛」と呼んでいますが——いっぱいになっていたら、そして孤独に引きこもっていたら、ほかの二人のお子さんまで壊してしまうことになるでしょう。意識的、無意識的に、わたしたちはすべて自己中心的で、欲しいものを得ているあいだは、万事順調だと思います。けれども、そのすべてを突き崩す出来事が起こった瞬間に、わたしたちは失望に泣き叫び、ほかの慰めを見つけようと望みますが、もちろん、それもまた崩されます。こうして、このプロセスが続きます。あなたがそこに囚われていたいなら、その意味合いを充分に知ったうえで、そこに囚われていたいなら、そのまま進んでください。けれども、そのすべての不条理さがおわかりなら、あなたは自然に泣くのをやめて、自分を孤独にしておくのもやめ、新しい光と笑みを顔に浮かべて、お子さんたちとともに生きるでしょう。

The Only Revolution（邦訳『クリシュナムルティの瞑想録』平河出版社）

4. 安定

田圃をめぐる小道に沿って小川が静かに流れており、そこに蓮が群がっていた。金色の芯、濃い紫色の蓮の花は水面からすっきりと抜け出ている。香りはその付近に留まっていたが、とても美しかった。雲が広がって、小雨が降り始め、雲間から雷鳴が聞こえていた。稲妻はまだ遠かったが、わたしたちが雨宿りをしている木のほうにだんだんと近づいていた。やがて雨は激しくなり、蓮の葉に水滴がたまり始めた。水滴があまりに大きくなると、するりと葉から落ち、また次の水滴がたまりだす。稲妻はもう木の真上で光っていて、家畜たちが怯えて綱を引っ張っている。びしょ濡れになって震えている黒い子牛が哀れな鳴き声をあげていたが、綱を切って、近くの小屋のほうへ走り出した。蓮はしっかりと花を閉じ、濃くなっていく暗がりに対して、その芯を仕舞い込んでいた。黄金色の芯を取り出そうと思うなら、紫色の花びらをむしらなければならなかっただろう。太陽が顔を出すまで、蓮は固く閉じたままでいた。そのように眠っていても、蓮は美しかった。稲妻は街のほうへ移動していく。すっかり暗くなって、聞こえるのは小川のせせらぎだけだった。村を通っている道は、騒がしい街へ戻る道路につながっている。

彼はまだ二十代で、若かった。体格がよく、少々旅をして、大学で勉強した。彼は神経質になっていて、その目に不安が現われていた。もう遅かったが、しかし、彼は話をしたがった。自分に代わって誰かに自分の精神を探って欲しかったのだ。彼は非常にシンプルに、ためらいもてらいもなく、自分をさらけ出した。彼の問題は明らかだったが、本人はわかっていなかった。彼は手探りしていた。

わたしたちは耳を傾けて「あるがまま」を発見しようとはしない。自分の観念や意見を他人に押しつけ、自分の思考の枠のなかに他人を閉じ込めようとする。わたしたちにとっては、自分の思考と判断のほうが、「あるがまま」を見出すよりはるかに重要なのだ。「あるがまま」は常にシンプルである。複雑なのはわたしたちのほうだ。わたしたちはシンプルなものを、「あるがまま」を複雑にし、そこで、どうしていいかわからなくなる。わたしたちは自分自身の混乱の増大する騒音にだけ耳を傾ける。聴くには、自由でなければならない。歪曲があってはならない、というのではない。思考そのものが歪曲の一つのかたちなのだから。沈黙するには自由でなければならず、そのときにだけ、聴くことが可能になる。

彼は眠りに就こうとする瞬間に、生々しい恐怖に襲われてはっと起き上がることがある、と言った。すると、部屋の構造が狂ってしまう。壁はぺたんと平らになり、屋根がなくなり、床も消える。彼は怯え、汗まみれになる。それが、何年も前からだという。

あなたは何に怯えているのですか?

「それがわからないのです。でも、怖くて目が覚めると、姉のところや父、母のところに行って、しばらく話をして気持ちを静め、それから眠るんです。家族はわかってくれます。ですが、もう二十代ですし、そんなことをするのもだんだん馬鹿げてきました」

あなたは未来が心配なのですか？

「はい、なんとなく。うちにはお金はありますが、それでも、やっぱり心配です」

なぜ？

「ぼくは結婚したい、そして未来の妻に楽をさせたいのです」

なぜ、未来が不安なのですか？　あなたはまだ若く、働いて、彼女に必要なものを与えることができます。なぜ、そんなことが、それほど頭から離れないのでしょう？　あなたは社会的地位を失うことを恐れているのですか？

「それもあります。うちには自動車があり、資産があり、名声があります。当然、ぼくはそうしたすべてを失いたくない。それが恐怖の原因かもしれません。でも、それだけではないんです。存在しないことへの恐怖です。恐怖で目が覚めると、自分がいないように感じる。ぼくは誰でもない、ばらばらに崩壊しているんです」

結局のところ、新しい政府ができて、あなたは資産や保有物を失うかもしれません。だが、あなたはまだまだ若いし、いつだって働くことができます。大勢のひとが世俗的な物品を失っていますし、あなたもそんな目に合うかもしれない。しかし、世俗的なものは分かち合うべきであり、排他的に占有すべきものではありませんね。あなたの年齢で、どうしてそれほど失うのを恐れ、保守的になるのでしょう?

「じつは、ある女性と結婚したいと思っていて、どうしても、その邪魔をされたくないのです。邪魔になるようなことはないと思いますが、わたしは彼女が恋しいし、彼女もそう思ってくれています。それもまた、恐怖の原因かもしれません」

それが恐怖の原因ですか?　あなたは、彼女との結婚の障害になるような、とんでもないことは起こらないだろう、と言う。では、なぜ怯えるのですか?

「そう、ぼくたちはその気になれば、いつでも結婚できます。だから、少なくともいまは、それが恐怖の原因のはずはありませんね。ぼくは、ほんとうは存在しないことが、アイデンティティを、名前を失うことが怖いのだと思います」

もし、名前にこだわらず、それなりの資産があるとして、それでもまだ怖いのでしょうか？　わたしたちはどういう意味でアイデンティティと言うのでしょう？　アイデンティティとは、名前や資産と同一化する、ある個人や観念と同一化することです。それは何かと関係づけることであり、これやあれと認められること、ある集団や国等々に属するとしてラベルを貼ってもらうことです。あなたはラベルを失うことが怖い。そうなのですか？

「そうです。でなかったら、ぼくは何者でしょう？　そう、そうなのです」

それでは、あなたは所有物だ、ということですね。あなたの名前、名声、車、その他の資産、結婚しようとしている女性、抱いている野心——あなたとは、それらのものです。それらのもの、それかららいろいろな性格や価値、それらが、あなたの言う「わたし」を創り上げている。あなたはそれらの総和で、それを失うことを恐れています。誰でもそうですが、失う可能性はいつでもあります。戦争が起こるかもしれないし、革命があるかもしれないし、政府が左寄りになるかもしれない。何かが起こって、あなたはそれらを今日明日にも奪われるかもしれない。ですが、なぜ、あなたは不安定を恐れるのですか？

不安定とは、すべてのものごとの性質そのものではありませんか？　その不安定さに対して、あなたは自分を守る壁を築こうとしますが、その壁も壊れる可能性があるし、壊れていくのです。しばらくはそこから逃げられるかもしれないが、不安定の危険は常にあります。それが「あるがまま」であり、避けることはできません。あなたが好むと好まざるとにかかわらず、不安定は存在します。だからといって、諦めなければならないとか、受け入れなければならない、あるいは否定しなければならない、というのではありません。でも、あなたはまだ若いのに、なぜ、不安定を恐れるのですか？

「そう言われてみると、ぼくは不安定を恐れているとは思いません。ほんとうに、働くのは平気です。いまの仕事で八時間以上働いていますし、とくに仕事が好きだというのではありませんが、続けていくことはできます。そう、資産や車などを失うことも恐れてはいません。婚約者とわたしは、その気になれば、いつでも結婚できます。ぼくに恐怖を抱かせるのは、そういうことが理由ではありませんね。すると、原因は何なのでしょう？」

一緒に見出しましょう。わたしがあなたに教えることはできますが、それでは、あなたの発見にはならないでしょう。言葉のレベルに留まるだけで、それでは、まったく役に立ちません。それを見出すことは、あなた自身の経験です。それがほんとうに重要なことなのです。発見は経験です。一緒に発見しましょう。

あなたが失うのを恐れているのは、そういうことではない。外部的な不安定を恐れていないのなら、何が心配なのでしょうね？　すぐに答えないで、ただ耳を傾け、注意深く見出してください。あなたは、恐れているのが物理的な不安定ではないと確信していますか？　そうしたことに確信がもてるなら、それを恐れているのではない、と言えます。言葉だけの主張ではない、と確信しているなら、さて、あなたは何を恐れているのでしょうね？

「物理的な不安定を恐れているのではない、と確信しています。ぼくたちは結婚できるし、必要なものはもっている。ぼくが恐れているのは、単にものを失うこと以上の何かです。でも、それはいったい何なのでしょう？」

それを見出しましょう。ですが、まず静かに検討してみましょう。あなたはほんとうに、それを見出したい。そうなのですね？

「もちろんです。ここまで来たからには、とくにそう思います。ぼくが恐れているのは、何なのでしょうか？」

見出すためには、わたしたちは静かで、注意深く、そして急いではいけません。物理的な不安定を恐れているのではないとしたら、あなたが恐れているのは内面的な不安定、自分で決めた目的を達成できないことでしょうか？　答えないで。ただ聴いてください。あなたは、何者かになれない、と感じているのですか？　あなたにはたぶん、宗教的な理想があるのでしょう。そして、それにふさわしくなれない、あるいはそれを達成できない、と感じているのですか？　それについての絶望や罪悪感、欲求不満を感じていますか？

「あなたのおっしゃるとおりです。何年か前、子供のころにあなたのお話を聞いてから、それが理想になりました。いわば、あなたのようになりたい、と思ったのです。ぼくの家族には宗教的な血が流れていて、自分もそうなれると感じていました。ですが、決してそこには近づけない、という深い恐怖が常にあるのです」

ゆっくりと進みましょう。あなたは外部的な不安定を恐れてはいないが、内面的な不安定を恐れている。誰かに名声や評判、金銭等々によって外部的な安定を与えてもらうことはできますが、あなたは理想に基づく内面的な安定を求めている。そして、その理想になれる力はない、と感じているのです。では、どうして理想になりたい、あるいは理想を達成したいのでしょうか？　それは単に安定しているため、安全を感じるためではないですか？　その避難所をあなたは理想と呼びます。だが、実際には、あなたは安全を欲し、保護されることを求めている。そうなのですか？

「そう言われると、まさにそのとおりです」

さあ、あなたは発見した。そうではありませんか？　だが、もう少し先へ進みましょう。あなたには外部的な安定の明らかな浅薄さがわかっている。しかし、理想になることによる内面的な安定を求める錯誤も見えていますか？　その理想は、お金に代わるあなたの避難所です。それが、ほんとうに見えていますか？

「はい、ほんとうに」

それなら、あるがままのあなたでいてください。理想の錯誤がわかれば、それはあなたから剥がれ落ちます。あなたは「あるがまま」です。そこから、「あるがまま」の理解へと進むのです——けれども、何か特定の目的に向かうのではありませんよ。目的や目標は常に「あるがまま」から離れているからです。「あるがまま」とはあなた自身であって、特定の時期や何らかの気分のときのあなたではなく、瞬間瞬間のあなた自身なのです。自分を非難したり、現状に忍従したりせず、「あるがまま」の動きに、解釈をはさまずに注意深くあるのです。これは大変なことですが、そこには喜びがあります。自由であることにだけ幸せがあり、自由は「あるがまま」の真理とともに現われるのです。

Commentaries on Living（邦訳『生と覚醒のコメンタリー』春秋社）

5. 怒り

それほどの高度にあってさえ、暑さは容赦なかった。窓ガラスは触れると温かかった。飛行機のエンジンの安定した響きには心安らぐ感じがあり、乗客たちの多くはまどろんでいた。はるか下の地上は熱で煮えているようで、果てしない茶色の広がりのなかに、ときおり緑色の部分が現われる。やがてわたしたちは着陸し、暑さは耐え難くなった。文字通り痛いほどで、建物の影にいてさえ、頭のてっぺんが破裂しそうに思われた。夏はまさに盛りで、この地方はほぼ砂漠だった。わたしたちは再び離陸し、飛行機は涼しい風を求めて上昇していく。新たな二人の乗客が列の反対側のシートに座って、大声で話していた。聞きたくなくても、話は聞こえてしまう。最初はそれなりに穏やかに話していたが、すぐにその声に怒りが忍び込んだ。なれなれしく、また恨みがましい怒りだ。その興奮のなかで、二人は残る乗客のことを忘れてしまったようだった。お互いに動転してしまって、存在するのは自分たちだけ、ほかには誰もいなくなった。

怒りには、孤立という奇妙な性質がある。悲しみと同じで、ひとを孤立させ、少なくともしばらくは、あらゆる関係が停止する。怒りには、孤立したものの一時的な強さと活気がある。怒りのなかには、奇妙な絶望が存在する。孤立とは絶望だからだ。失望の、嫉妬の、傷つけたいという衝動の怒りは、暴力的な発散によって自己正当化の快楽を与えてくれる。わたしたちは他者を非難するが、その非難こそ自己の正当化だ。独善であれ自己卑下であれ、ある種の姿勢がなかったら、わたしたちはどんな存在なのだろう？　わたしたちはあらゆる手段を使って自分を支える。そして、怒りは憎悪と同様に、もっとも容易なやり方だ。不意に燃え上って、すぐに忘れられる単純な怒りもある。だが、丹念に積み上げられ、傷つけ破壊することを求める、醸造された怒りは、まったく別だ。単純な怒りには、わかりやすくて鎮めやすい生理的な原因があるかもしれない。だが、心理的な原因による怒りは、はるかに微妙で、対応が難しい。わたしたちのほとんどは怒ることを気にせず、口実を見つける。誰か、あるいは自分自身がひどい目にあったら、どうして怒らずにいられるだろうか？　だから、わたしたちは当然、怒ることになる。わたしたちは決して、ただ自分は怒っていると言って、そこで終わることはない。その理由をていねいに説明しだす。決して、ただ自分は嫉妬しているとか苦々しく感じていると言うことはなく、それを正当化し、もしくは説明する。嫉妬のない愛なんてあるだろうか、と尋ねたり、誰かの行動が自分を苦々しい思いにしたのだ、等々と言う。

それは説明であり、黙っていようと口に出そうと、言語化であって、それが怒りを持続させ、広がりと深さを与える。沈黙していようと口に出そうと、説明はあるがままのわたしたち自身の発見に対する盾として働く。わたしたちは褒められたりお世辞を言われたりしたいと思い、何かを期待する。その期待が実現しないと失望し、苦々しくなり、嫉妬する。そのとき、暴力的であれ紳士的であれ、わたしたちは誰かを責める。自分の苦々しさの責任は相手にあると言う。「あなたはとても大きな意味をもっている。なぜなら、わたしの幸福、地位、特権は、あなたが頼りなのだから。あなたを通じて、わたしは満たされる。だから、あなたはわたしにとって重要だ。わたしはあなたを守らなければならず、あなたを所有しなければならない。あなたを通じて、わたしは自分自身から逃げる。自分自身に投げ戻されたら、自分自身の状態に怯え、怒りが生じる」。怒りはさまざまなかたちを取る。失望、恨み、苦々しさ、嫉妬等々。

貯めこまれた怒りは、それは恨みだが、赦しという解毒剤を求める。だが、貯めこまれた怒りのほうが、赦しよりはるかに重要だ。怒りが積みあがっていなければ、赦しは必要ない。恨みがあるなら、赦しは不可欠だ。だが、無関心という冷たさがなく、お世辞や傷ついたという感情から自由であれば、慈しみ、思いやりが生まれる。怒りは意志の行動によって振り払うことはできない。意志も暴力の一部だから。意志は欲望の、存在への渇望の結果だ。そして、欲望は本来の性質として、攻撃的、支配的なのだ。意志の行使によって怒りを鎮めることは、怒りを別のレベルに移行させて、別の名前を与えることである。それもまた、依然として暴力の一部だ。暴力から自由であるには——それは非暴力を培うことではない——欲望の理解がなければならない。欲望の霊的な代替物は存在しない。それは抑圧も昇華もできない。欲望に対する沈黙と無選択の気づき（choiceless awareness）がなければならない。そして、この受動的な気づき（passive awareness）とは、欲望に名前を与える経験者のいない、直接的な欲望の経験である。

Commentaries on Living（邦訳『生と覚醒のコメンタリー』春秋社）

6. 条件づけ

彼は人類を助けることと善行に強い関心があって、さまざまな社会事業で熱心に活動していた。実際、長い休暇などはとったことがなく、大学を卒業して以来、常にひとのために働いてきた、と彼は言った。もちろん、自分がしている活動でお金を受け取ったことなどない。その活動は彼にとって、たいへん重要で、自分がしていることに大きな執着があった。彼は一流の社会事業家になり、その仕事を愛していた。だが、あるとき、講話で精神を条件づけるさまざまな逃避について聞いたことがあって、それについて話したいというのだった。

「社会事業家であることは、条件づけ（conditioning）だと思われますか？　それは、さらなる葛藤をもたらすだけなのでしょうか？」

条件づけと言うとき、わたしたちが何を意味しているのかをはっきりさせましょうか。どんなときに、わたしたちは条件づけられていると気づくのでしょう？　そもそも、それに気づいているでしょうか？　あなたは条件づけられていると気づいているのか、それとも、ただ自分の存在のさまざまなレベルでの葛藤や苦闘に気づいているだけなのでしょうか？　たしかに、わたしたちは自分の条件づけには気づいておらず、葛藤に、苦痛と快楽に気づいているだけなのです。

「あなたがおっしゃる葛藤とは、どういう意味ですか？」

あらゆる種類の葛藤です。国家間の葛藤、さまざまな社会的集団のあいだの葛藤、個人間の葛藤、そして自分自身のなかの葛藤。行動する者と行動のあいだに、突きつけられた課題とそれへの応答のあいだに統合がないのであれば、葛藤は不可避ではありませんか？　葛藤はわたしたちの問題です。そうではありませんか？　何か特定の葛藤ではなく、すべての葛藤です。観念のあいだの葛藤、信念のあいだの葛藤、イデオロギーのあいだの葛藤、対立するものどうしの葛藤です。葛藤がないなら、問題もないでしょう。

「わたしたちはみな、孤立と黙想の人生を求めるべきだとおっしゃるのですか？」

黙想は至難の業《わざ》でもあれば、理解が最も難しいものの一つです。孤立は、わたしたちそれぞれが意識的あるいは無意識的にそれぞれのやり方で求めていますが、問題を解決してはくれません。逆に問題を増強させます。わたしたちはさらなる葛藤をもたらす条件づけの要素とは何なのかを理解しようとしています。わたしたちは葛藤に、苦痛と快楽にしか気づいていない。条件づけには気づいていないのです。何が条件づけるのでしょう?

「社会的あるいは環境的な影響です。わたしたちが生まれた社会、育った文化的、経済的、政治的プレッシャー等々です」

そうですね。でも、それだけでしょうか? それらの影響はわたしたち自身が作り出したものです。そうではありませんか? 社会はひととひととの関係の産物です。それはまず明らかですね。その関係をわたしたちは利用し、必要とし、慰められ、満足を得ます。そして、それがわたしたちを縛る影響力、価値を生み出します。その縛りが、わたしたちの条件づけです。わたしたちは自分自身の思考、行動によって縛られています。だが、自分が縛られていることに気づかず、ただ快楽と苦痛の葛藤にだけ気づいているのです。わたしたちは、どうしてもその先へは行けないようですし、もし行ったとしても、あるのはさらなる葛藤だけです。わたしたちは自分の条件づけに気づいていない。それに気づかないかぎり、さらなる葛藤と混乱を生み出すだけです。

「自分の条件づけに、どうすれば気づけるのでしょう?」

それはもう一つのプロセス、執着のプロセスを理解することによってのみ、可能です。わたしたちがなぜ執着するのかを理解すれば、たぶん条件づけに気づくことができるでしょう。

「それは直接的な問題に対して、どちらかというと回り道ではありませんか?」

そうでしょうか? それでは、ご自分の条件づけに気づこうとなさってみてください。間接的にしか、ほかの何かとの関係でしか、知ることはできません。抽象的に自分の条件づけに気づくことはできないのです。それでは、ただの言葉であって、たいした意義はありません。わたしたちは葛藤に気づいているだけです。葛藤は、突きつけられた課題とそれへの応答のあいだに統合がないときに存在します。その葛藤は、わたしたちの条件づけの結果です。条件づけは執着です。仕事への、伝統への、資産への、人々への、観念等々への執着です。執着がまったくないとしたら、条件づけがあるでしょうか? もちろん、ありません。では、わたしたちはなぜ執着するのでしょう? わたしは国に執着する。なぜなら、国に同一化することで何かになれるから。わたしは仕事と自分を同一化し、仕事が重要になる。わたしは家族であり、資産であり、それらに執着する。執着の対象は、わたし自身の空しさからの逃避手段を与えてくれる。執着は逃避です。そして、条件づけを強化するのは逃避です。わたしがあなたに執着しているとしたら、それは、あなたがわたし自身からの逃避手段になっているからです。だから、あなたはわたしにとって非常に重要で、わたしはあなたを所有し、あなたにしがみついていなければならない。

あなたは条件づけの要素になります。逃避は条件づけです。もし、わたしたちがわたしたち自身の逃避に気づいているなら、そのときは、条件づけを作り上げている影響と、その要素を知覚できるのです。

「わたしは社会事業を通じて、自分自身から逃げているのですか？」

あなたはそれに執着し、それに縛られていますか？　社会事業をしないと、途方に暮れて空しくなり、退屈しますか？

「きっと、そうなるでしょうね」

仕事への執着は、あなたの逃避です。わたしたちの存在のあらゆるレベルに逃避があります。あなたは仕事を通じて逃避し、ほかの誰かはお酒を通じて、別の誰かは宗教儀式を通じて、知識を通じて、神を通じて逃避し、あるいは娯楽に耽溺するひともいます。すべての逃げ道は同じです。優れている逃げ道も劣っている逃げ道もありません。神とお酒は、あるがままのわたしたちからの逃避であるかぎり、同じレベルです。その逃避に気づいているとき、そのときにだけ、わたしたちは条件づけを知ることができるのです。

「社会事業を通じて逃避することをやめたら、わたしはどうすればいいのでしょう？　逃避なしに、何かができるのでしょうか？　すべての行動は、あるがままのわたしからの逃避の、一つのかたちではないのですか？」

その質問はただ言葉のうえだけのものですか？　それとも、あなたが経験している実際を、事実を反映したものですか？　あなたが逃避しなかったら、何が起こるでしょう？　やってみたことが、おありですか？

「言わせていただけば、あなたがおっしゃることはあまりにも否定的です。あなたは仕事に代わるものを何も提示してくださらない」

すべての代替物は別のかたちの逃避ではありませんか？　ある特定のかたちの活動が満足できなかったり、さらなる葛藤をもたらすなら、わたしたちは別の活動に目を向けます。逃避を理解せず、ある活動を別の活動に代えるなんて無駄でしょう。そうではありませんか？　それらの逃避が、そしてそれらへの執着が、条件づけを作っているのです。条件づけは問題を、葛藤をもたらします。突きつけられた課題の理解を阻んでいるのは条件づけです。条件づけられていると、わたしたちの応答は不可避的に葛藤を生み出します。

「どうすれば、条件づけから自由になれるのですか?」

理解することによって、自分の逃避に気づくことによって、それだけです。ひとへの、仕事への、イデオロギーへの執着は、条件づけの要素です。それを理解しなければならないのであって、もっと良いもっと多くの知的な逃げ道を探すことではないのです。すべての逃避は迷妄です。必ず葛藤をもたらすからです。無執着を育てるのも、逃避の、孤立の、もう一つのかたちです。それは抽象への、無執着という名の理想への執着ですから。理想は作り物、エゴの産物で、理想になろうとするのは「あるがまま」からの逃避です。「あるがまま」の理解があり、「あるがまま」への適切な行動があるのは、もはや精神がどんな逃げ道も求めていないときだけです。「あるがまま」について思考すること自体が、「あるがまま」からの逃避です。問題について思考することは、問題からの逃避です。なぜなら、思考することが問題なのであり、そして、唯一の問題なのですからね。あるがままでいたがらず、あるがままを恐れる精神は、そうしたさまざまな逃げ道を探します。その逃避の方法は思考です。思考があるかぎり、逃避があり、執着があり、条件づけを強化するだけです。

条件づけからの自由は、思考からの自由とともにやってきます。精神が完全に静止したとき——現にあるもの（the real）が存在する自由があるのは、そのときだけです。

Commentaries on Living（邦訳『生と覚醒のコメンタリー』春秋社）

7. 自尊感情

彼女は三人の友人とやってきた。みな、まじめで知的な品があった。一人は目から鼻に抜けるようで、もう一人は自分の短気にいらだっており、三人目は意欲的だったが、その意欲は長続きしなかった。四人は良いグループだった。全員が友人の問題を共有しているのだが、誰も彼女に助言や説得力ある意見を言えないでいた。伝統や世間の意見に、あるいは個人的な性向に適したことをただするのではなく、本人が正しいと思うことをするのを、誰もが助けたく思っていた。難しいのは、正しいこととは何かということだ。当人も確信がなく、動揺し混乱していると感じていた。だが、迅速な行動をとらねばならないという焦りが強かった。決断しなければならず、これ以上先延ばしにはできないのだった。それは、特定の関係からの自由、という問題だった。自分は自由になりたい、彼女は数回繰り返して、そう言った。

部屋は静かだった。神経質な落ち着かなさは和らぎ、全員が結果や正しい行動とは何かという定義を期待せずに、問題に分け入ることに意欲的になった。問題が露わになれば、正しい行動は自然に、また余すところなく現われてくるだろう。重要なのは問題の内容を発見することで、結果ではない。どんな答えも別の結論、別の意見、別の助言でしかなく、それでは問題の解決にはならない。問題そのものを理解しなければならないのであって、問題にどう対応するかとか、それについて何をしたらいいのか、ではない。問題に対する正しいアプローチが重要だ。なぜなら、問題そのものが正しい行動を内包しているのだから。

太陽が川面を照らし、光の道を作っていて、水面が踊っていた。白い帆がその光の道を横切ったが、水のダンスは乱れなかった。それは純粋な喜びのダンスだった。木々には小鳥がたくさんいて、鋭い声で鳴き交わしたり、羽づくろいをしたり、飛び去っては戻ったりしていた。何匹かのサルが柔らかな葉をちぎっては口に押し込んでいる。その重みで華奢《きゃしゃ》な枝は長いカーブを描いていたが、サルたちは軽々と枝にとまって、怖がってはいない。枝から枝へ、なんと悠々と飛び移っていることか。ジャンプしているのだが、それは一つの流れで、跳ねて次の枝につかまるまでが一つの動きになっている。サルたちは尾を垂らして座り、葉に手を伸ばす。高い木にいて、下を通り過ぎる人々を意に介していなかった。暗闇がしのびより、百羽ものオウムが群れをなして茂った葉のあいだに宿り、夜の支度をしている。オウムがやってきては葉の茂みに消えていくのが見えた。新月が姿を現わしたところだった。長い曲線を描いている川にかかった橋を渡っている列車の汽笛が遠くから聞こえてきた。その川は神聖で、はるか遠くから人々が罪を浄めたいと水浴びにやってくる。川はどれも美しく神聖だが、この川の美しさは広い川幅と描く曲線、そして水の広がりのなかに点在する砂州、それに毎日、流れを静かに上下している白帆だった。

「わたしはある関係から自由になりたいのです」と、彼女が言った。

自由になりたいとは、どういう意味ですか？　あなたが「自由になりたい」と言うとき、それは、自分が自由でないことを意味しています。あなたはどんなふうに自由ではないのでしょう？

「身体的には自由です。行ったり来たりするのも自由です。わたしはもう身体的には妻ではないのですから。でも、完全に自由になりたいのです。あのひととは、いっさい、何も関わりたくないんです」

もし、すでに身体的に自由なのであれば、あなたはその方とどんなふうに関係しているのですか？　ほかのやり方で関係しているのですか？

「わかりません。でも、彼にはとても大きな恨みがあります。彼とはいっさい、関わりたくないのです」

あなたは自由になりたい、だが彼に恨みをもっている、と？　それでは、あなたは彼から自由ではないですね。どうして彼を恨むのでしょう？

「最近、彼がどんな人間かに気づいたのです。彼の卑劣さ、真の愛情のなさ、完全な自分本位さに。

そういうものを彼に発見して、どれほど恐ろしかったか、言葉にできません。彼に嫉妬していた、彼を偶像化していた、彼に服従していた、と考えると！　彼を理想の夫と考えて、愛して、優しくしていたのに、彼が愚かでずるい人間だとわかったから、恨んでいるのです。彼と関わっていたと考えると、自分が汚れている気がします。わたしは彼から完全に自由になりたいのです」

あなたは身体的には彼から自由かもしれないが、彼を恨んでいるかぎりは自由ではありません。彼を憎んでいたら、あなたは彼に縛りつけられている。彼を恥じているなら、依然として彼の虜《とりこ》なのです。あなたは彼に怒っているのか、それとも、ご自分に怒っているのですか？　彼はそういう人間です。それで、なぜ、彼に怒るのですか？　あなたの恨みは、ほんとうに彼に対するものでしょうか？　それとも、「あるがまま」を見たので、そこに関わった自分自身を恥じているのですか？　たしかに、あなたは彼を恨んでいるのではなく、ご自分の判断を、ご自分の行動を恨んでいるのでしょう。あなたは自分自身を恥じている。そこを見たくないから、彼のあり方を非難している。彼への恨みが自分のロマンティックな偶像化からの逃避だと気づいたなら、彼は構図から消えますよ。あなたは彼を恥じているのではなく、彼と関わったご自分を恥じています。彼にではなく、ご自分自身に怒っているのです。

「ええ、そうですね」

本当にそれが見えたなら、それを事実として経験したなら、あなたは彼から自由になります。彼はもう、あなたの憎しみの対象ではなくなります。憎悪は愛と同じように、縛りつけるのですよ。

「でも、どうすれば自分自身の恥から、自分の愚かしさから自由になれるのでしょう？　彼はああいう人間で、それを非難してもしかたがないことは、はっきりわかりました。でも、わたしのなかでゆっくりと熟れてきて、ついにこの危機にまで達してしまった恥から、恨みから、どうすれば自由になれるのですか？　どうすれば、わたしは過去を一掃できるのでしょう？」

どうして過去を一掃したいのか、そのほうが、どうすれば一掃できるかを知るよりもずっと重要です。問題にどんな意図で取り組むかのほうが、それについてどうすべきかを知るより、ずっと重要なのですよ。あなたはどうして、その関係の記憶を一掃したいのでしょう？

「その年月すべての記憶が嫌だからです。とても嫌な後味が残っているのです。それだけで充分な理由ではありませんか？」

そうでもないですね、違いますか？　あなたはどうして、その過去の記憶を一掃したいのでしょう？きっと、嫌な後味が残っているせいではありません。何らかの方法で過去を一掃できたとしても、また将来、恥じるような行動に走るかもしれません。不快な記憶を一掃するだけでは問題は解決しない。そうではありませんか？

「解決すると思っていました。でも、それでは問題とは何なのですか？　あなたは不必要に事態を複雑にしてはいませんか？　少なくともわたしの人生は、もうすでに充分に複雑なのに、どうして、そこにまた重荷を付け加えるのですか？」

わたしたちはさらに重荷を付け加えているのか、それとも、「あるがまま」を理解して、そこから自由になろうとしているのでしょうか？　どうか、少し辛抱してください。あなたを突き動かしている過去を一掃したいという衝動は、何なのでしょう　それは不快かもしれません。ですが、なぜ一掃したいのでしょう？　あなたはそれらの記憶と矛盾する自分についての観念、もしくは自画像をもっていて、だから、記憶を追い払いたいのです。あなたにはある自尊感情がある。そうではありませんか？

「もちろんです、そうでなければ……」

わたしたちはみな、さまざまなレベルに自分自身を置き、常にその高みから墜落します。わたしたちが恥じるのは、その墜落なのです。自尊感情が恥の原因でもあれば、墜落の原因です。理解しなければならないのは、その自尊感情であって、墜落ではありません。あなたがご自分を載せる台がなかったなら、どうして墜落するでしょう？　あなたはどうして、自尊感情、人間の尊厳、理想等々と呼ばれる台に、ご自分を載せたのでしょうね？　それが理解できれば、過去を恥じることはなくなります。それは完全に消えるでしょう。あなたは台のない、あるがままの自分でいるでしょう。台がなかったなら、あなたが見下ろしたり見上げたりする高さはなく、そのときは、あなたが常に避け続けてきた、あるがままの自分でいるでしょう。「あるがまま」からの回避が、あるがままの自分からの回避が、混乱と確執をもたらし、恥と恨みをもたらします。あなたは、わたしにも、ほかの誰にも、あるがままのご自分とは何なのかを話す必要はありません。でも、それが何であっても、快適でも不快でも、あるがままの自分に気づいていてください。正当化したり抵抗したりせずに、それとともに生きてください。それを名づけたりせずに、ともに生きるのです。名づけは非難であり、あるいは自己同一化ですから。恐怖なしに、それとともに生きてください。恐怖は交流を妨げます。そして、交流なしには、それとともに生きることはできません。交流するとは、愛することです。愛なしには、過去は一掃できません。愛があれば、過去はありません。愛──それは時間ではないのです。

Commentaries on Living（邦訳『生と覚醒のコメンタリー』春秋社）

8. 精神の嵐

一日中、霧が立ち込めていたが、暮れかかるころには東からの風に吹き払われた——乾いた激しい風で、枯葉を吹きおろし、大地を乾燥させる。荒れた不穏な夜だった。風はさらに強くなり、家はきしみ、木の枝が引き裂かれた。翌朝、大気はすっかり澄んで、山々に触れられるのではないかと思うほどだった。風とともに熱気が戻っていた。だが、午後遅くに風が止み、霧が海から流れてきた。

大地の、なんととてつもない美しさ、豊饒さだろう！　それにはとうてい飽きることがない。乾いた河川敷には生き物があふれている。ハリエニシダ、ヒナゲシ、背の高い黄色のヒマワリ。岩の上にはトカゲがいた。茶と白の輪模様があるキングスネークが日光浴していて、黒い舌を出したり引っ込めたりしている。渓谷の向こうから、ジリスかウサギを追うイヌの吠え声が聞こえる。

満足とは、成就や達成の、あるいは何かの所有の結果であることは決してない。それは行動からも非行動からも生まれない。それは「あるがまま」の充分な豊かさから生まれるのであり、それを変更することにはない。充分に豊かであるものには、変更、変化の必要はない。完全になろうとする不完全さ、それが不満と変化の混乱を知る。「あるがまま」は不完全で、完全ではない。完全とは非現実であり、非現実の追求は不満の痛みであって、それは決して癒されることがない。その痛みを癒そうとする試みそのものが非現実の追求となり、そこから不満が生じる。不満からの逃げ道はない。不満に気づくとは、「あるがまま」に気づいていることであり、その充分な豊かさのなかに、満足と呼ばれるであろう状態がある。それに、対立物はあり得ない。

家は渓谷を見下ろす位置にあり、遠くの山々の最高峰が夕日に輝いていた。その岩だらけの塊は空から吊り下がって、内側から照らされているようだった。暗くなりかけた部屋にいると、その光の美しさは言語に絶していた。

彼はどちらかというとまだ若く、熱心で探究心に燃えていた。

「わたしは宗教や宗教的実践、瞑想、その他、最高の高みに達すると称するさまざまな方式に関する本をいろいろ読んできました。あるときは共産主義に惹かれましたが、まもなく、大勢の知識人が参加しているけれども、じつは逆行的な運動だと気づきました。それからカトリックにも魅せられました。教義のいくつかはわたしにとって喜ばしいもので、しばらくはカトリック教徒になろうかと思いました。でも、ある日、非常に学識豊かな神父と話していて、ふいに、カトリックと共産主義の牢獄がそっくりだとわかったのです。不定期船の船員になってあちこちしているあいだにインドにも行って、そこで一年近くを過ごし、僧侶になることも考えました。けれども、それではあまりに人生から引っ込みすぎるし、あまりに理想主義的で非現実的でした。独りで暮らして瞑想しようとしたこともありますが、それも終わりました。そのような歳月の挙句、わたしは依然として自分の思考をまったくコントロールできないようなのです。そのことをお話したいと思います。もちろん、ほかにもセックス等々、問題を抱えています。でも、自分の思考を完全に支配できたら、燃え上がる欲望や衝動を制御できると思うのです」

思考のコントロールは欲望の静止につながるでしょうか？　それとも、ただ抑圧するだけで、それがまた別の、もっと深い問題を引き起こすのでしょうか？

「もちろん、あなたは欲望に負けていいとはおっしゃらないでしょう。欲望は思考のあり方であり、わたしは思考をコントロールしようとすることによって、欲望を抑えたいと思っているのです。欲望は抑え込むか昇華するか、どちらかですが、昇華するためであっても、まずは制御しなくてはなりません。ほとんどの教師たちは欲望を乗り越えなければならないと主張し、そのためのさまざまな方式を説明しています」

ほかのひとたちが言うことはともかく、あなたはどうお考えなのですか？　ただの欲望のコントロールが欲望の多くの問題を解決するでしょうか？　欲望の抑圧や昇華が欲望の理解を、そこからの自由をもたらしますか？　宗教的であってもなくても、何かに占拠されていれば、一日のすべての時間、精神を律することができます。だが、占拠された精神は自由な精神ではないし、自由な精神だけが、時間のない創造性に気づくことができるのは確かです。

「欲望を乗り越えることに、自由はないのですか？」

欲望を乗り越えるとは、どういう意味でおっしゃっているのですか？

「自分の幸せの、そして最高の実現のためには、欲望に駆り立てられないことが、その混乱や動揺に囚われないことが必要です。欲望をコントロールするためには、何らかのかたちの支配が不可欠です。人生の些細なことを追求する代わりに、その同じ欲望が昇華を求めることが可能なのです」

あなたは欲望の対象を家から知識に、低いものから最も高いものに変更するかもしれません。ですが、それは依然として欲望の行動です。そうではありませんか？　ひとは世間的に認められることを望まないかもしれません。ですが、天国に到達したいという衝動は、やはり利得の追求です。欲望はいつでも満足を、達成を求めます。その欲望の運動を理解しなければならないのであって、それを追い払ったり、抑えつけたりすることではないのです。欲望のあり方への理解がなければ、ただ思考をコントロールしてもたいした意義はありません。

「しかし、わたしは出発点に戻らなければなりません。欲望を理解するためにさえも、集中は必要で、それがわたしにとってはどうしても困難なのです。わたしは思考をコントロールできないらしい。思考はあらゆるところに彷徨いだし、互いにもつれて転げまわります。あらゆる無関係な思考ばかりで、支配的で継続的な思考は一つとしてないのです」

精神は日夜動いている機械のようなもので、しゃべり続け、眠っていようが起きていようが、いつでも忙しいのです。スピードがあって、海のように落ち着かない。この入り組んだ複雑なメカニズムのもう一つの部分は、全運動をコントロールしようとすることで、そのために、対立する欲望や衝動のあいだに葛藤が始まります。ひとは一方をより高い自己、もう一方をより低い自己と呼ぶかもしれません。しかし、どちらも精神の領域内にあります。精神の、思考の活動と反応はほとんど同時的で、ほとんど自動的です。この受容し、否定し、同調し、自由を渇望する意識的、無意識的な全プロセスは、きわめて迅速です。ですから問題は、この複雑なメカニズムをどうコントロールするかではありません。コントロールは摩擦を引き起こし、エネルギーを消散させるだけですから。さて、この非常に素早い精神を減速することはできるでしょうか?

「しかし、どうやって？」

指摘させていただくなら、問題は「どうやって」ではないのですよ。「どうやって」という方法は結果を生み出すだけで、結果には、たいした意味はありません。結果が得られたあと、またほかの望ましい結果に対する探究が始まり、それには、悲惨さと葛藤がついてまわるでしょう。

「それでは、どうしたらいいのですか？」

あなたは正しい質問をしていない。そうではありませんか？　あなたは精神の減速の真理もしくは錯誤をご自分で発見しようとせず、結果を得ることに関心を向けている。結果を得ることは、比較的容易です。そうではありませんか？　精神にブレーキをかけず、減速することは可能でしょうかね？

「減速するとは、どんな意味でおっしゃっているのですか？」

車でスピードを出して走っているときには、近くの風景はぼやけます。歩く速度のときにだけ、木々や小鳥、花を細かく観察できるのです。自己知は精神の減速から生じますが、それは、精神を強制的に遅くするという意味ではありません。強制は抵抗を産むだけで、精神の減速にはエネルギーの消散があってはならないのです。そうではありませんか？

「思考をコントロールしようとする努力が無駄であることはわかり始めたように思います。でも、ほかにどうすればいいのか、わからないのです」

わたしたちはまだ、行動の問題に到達していませんね。精神が減速することが重要だということを見ようとしているので、どのように減速するかを検討しているのではありません。精神は減速できるでしょうか？　そして、それはいつ、起こるでしょう？

「わかりません。そんなふうには、考えたこともなかった」

それでは、何かを注視しているとき、精神が減速することに気づかれたことはありませんか？　あそこの道を走っていく車を注視しているとき、あるいは何か物理的な対象に注目しているとき、あなたの精神はゆっくりと働いているのではありませんか？　注視、観察は、精神を減速させます。絵やイメージ、ものを見つめることは、精神を静かにするのに役立ちます。ある言葉の反復もそうです。だが、今度はその対象や言葉がとても重要になり、精神の減速とそれによって何を発見するかは重要ではなくなってしまいます。

「わたしはあなたの説明に注視しています。そして、精神が静まっていることに気づいています」

わたしたちはほんとうに何かを注視したことがあるでしょうか。それとも、観察者と観察されるもののあいだに、さまざまな偏見、価値、判断、比較、非難といった衝立《ついたて》を差し挟んでいるのでしょうか？

「その衝立を置かないことは、ほとんど不可能ですね。わたしは純粋なままに何かを観察できるとは思えません」

言わせていただくなら、肯定的であれ否定的であれ、言葉や結論で自分を遮《さえぎ》ってはいけません。その衝立なしの観察は可能でしょうか？　言い方を変えれば、精神が占拠されているとき、注意は存在しますか？　占拠されていない精神だけが注意して見ることができます。注視があるとき、精神はゆっくりで、鋭敏です。それは、占拠されていない精神の注意なのです。

「わたしはいま、あなたがおっしゃることを経験し始めています」

もう少し検討してみましょう。観察者と観察されるもののあいだに何の評価も衝立もなかったら、両者のあいだに分離や分断があるでしょうか？　観察者は観察されるものではありませんか？

「残念ですが、よくわからないようです」

ダイヤモンドはその質から切り離すことはできない。そうではありませんか？　嫉妬の感情はその感情の経験者から切り離せないのです。幻想のなかの分断はあります。それが葛藤を生み、その葛藤のなかに、精神は囚われます。この偽りの分離が消えたとき、自由の可能性があり、そのときにだけ、精神は静かです。経験者がいなくなったときにだけ、現にあるものの創造的な動きがあるのです。

Commentaries on Living（邦訳『生と覚醒のコメンタリー』春秋社）

Ⅳ 日記、口述筆記、書簡

1. 生きとし生けるものへの共感

川辺に一本の木があり、わたしたちは数週間、来る日も来る日も、朝日がまさに昇ろうとするころに、その木を見ていた。木々の向こうの地平線にゆっくりと日が昇ってくると、この木は不意に黄金色になる。すべての葉が生命に輝き、見つめて時間がたつにつれて、木の名前は何でもかまわないが――大事なのはその美しい木だから――とてつもない質の高さが、川の上やあたり一面に広がっていくように思える。太陽がさらに高く昇るにつれて、葉は揺れてダンスを始める。そして、時間ごとに木はその質を変えていくように思われる。太陽が昇る前には物憂げで、静かで、遠くて、威厳にあふれている。一日が始まると、光を受けた葉が踊りだし、すばらしく美しいものが有する特別な感覚をこの木に与える。真昼に向かって影は濃くなり、太陽を避け、木に守られて木の下に座れるようになる。木が一緒にいてくれるから、まったく寂しくない。座っているとき、木々だけが知っている深くて変わらぬ安心で自由な関係が、そこにはある。

暮れかかって西の空が夕日に照らされるころ、この木はだんだんと物憂げに、暗くなって、自らを閉ざしていく。空は赤や黄色、緑色になるが、この木は静かにひっそりと夜に向けて安らぐ。

この木との関係を確立するなら、あなたは人類と関係をもつことになる。そのとき、あなたはこの木、そして世界の木々に責任をもつ。だが、この地上の生き物たちとの関係をもっていないなら、あなたは人類との、人間とのどんな関係も失うだろう。わたしたちは決して一本の木の質を深く見つめることがない。わたしたちは決してそれに触れず、その堅固さを、ざらざらした樹皮を感じないし、木の一部である音を聞かない。葉群を通り過ぎる風や葉を揺らす朝の微風の音ではなく、木そのものの音、樹幹の音、根の沈黙の音だ。その音を聞くためには、とてつもなく鋭敏でなければならない。この音は世界の雑音でもなければ、精神のおしゃべりの雑音でもなく、人間の争いや戦争の俗悪さでもなく、宇宙の一部である音なのだ。

わたしたちが自然と、昆虫や飛び跳ねるカエル、丘陵でつがう相手を求めて鳴くフクロウと、ほとんど関係をもっていないのは奇妙なことだ。わたしたちは地上の生きとし生けるものへの共感をまったくもっていないように見える。もし、自然との深くて変わらぬ関係を確立できれば、決して欲望にまかせて動物を殺さないだろうし、自分たちの利益のためにサルやイヌ、モルモットを傷つけたり、生体解剖をしたりしないだろう。わたしたちは自分の傷を癒し、身体を癒すために、ほかの方法を見つけるだろう。だが、精神を癒すとなると、話はまったく別になる。その癒しは、自然とともに、あの木のオレンジとともに、セメントのあいだから顔を出す葉とともに、そして雲に覆われて隠れている丘陵とともにあるとき、徐々に進んでいく。

これは感傷でもロマンティックな想像でもなく、地上に生きて動くすべてのものとの関係性のリアリティである。ひとは何百万頭ものクジラを殺してきたし、いまも殺している。この殺戮からわたしたちが得たものはすべて、ほかの方法でも手に入れることができる。だが、ひとは明らかに生き物を、華奢なシカや美しいガゼル、立派なゾウを殺すことが好きらしい。わたしたちは殺し合うことが好きなのだ。この人間の殺し合いは、地上の人類の歴史で一度も止んだことがなかった。だが、自然との、現実の木々との、藪との、花々との、草や勢いよく流れていく雲との、深くて長くて変わらぬ関係を確立できたなら、そうしなければならないのだが、そのときには、わたしたちは、どんな理由があっても、ほかの人間を殺戮することは決してないだろう。組織化された殺人は戦争であり、わたしたちは特定の戦争や核戦争その他の戦争には反対してデモをしても、戦争そのものに反対するデモは決してしない。わたしたちは、ほかの人間を殺すことは地上最大の罪であるとは、決して言わなかったのだ。

Krishnamurti to Himself（邦訳『最後の日記』平河出版社）

2. 人類の未来とは何か？

餌場で十数羽あまりの小鳥たちがさえずったり、穀粒をついたり奪い合ったり、争ったりしていたが、別の大きな鳥が飛来すると、みんな逃げ去った。大きな鳥がいなくなると、小鳥たちはまた、みな戻ってきて、おしゃべりしたり、争ったり、さえずったりと、にぎやかになるのだった。そこへネコが通りかかって、小鳥たちは羽ばたいたり、叫んだりと大騒ぎになった。ネコが追い払われた――飼いネコではなく、野良ネコの一匹だった。このあたりには大小さまざま、いろいろな形や色の野良ネコたちがたくさんいる。餌場には一日中、大小の小鳥たちが来ていたが、やがてアオカケスがやってきて、誰彼なく宇宙全体に威張り散らし、ほかの小鳥たちを追い払ってしまった――というか、みな、アオカケスが現われると逃げ去った。小鳥たちはネコにはとても警戒していた。夕暮れが迫るころ、小鳥たちはいなくなり、沈黙と静寂と平和が残った。ネコたちは行き来していたが、もう小鳥の姿はなかった。

その朝、雲は光をたっぷりとはらみ、空中には再び雨の気配が漂っていた。過去数週間、雨が続いていたのだ。あたり一面、池や水たまりができていた。緑の葉っぱも藪も背の高い木も太陽を待ち望んでいたが、その太陽はカリフォルニアのそれらしく輝いてはいないようだった。もう何日も顔を表わしていなかったのだ。

ひとは人類の未来を――これほどに幸せそうで、優しくて、愛らしい顔をした――はしゃぎまわり遊び戯れる子供たちすべての未来を、彼らの未来はどうなるのだろう、といぶかっている。未来とは、わたしたちの現在だ。何千年もの歴史を通じて、そうだった――生きること、死ぬこと、そして人生のあらゆる苦労。わたしたちは、未来にあまり注意を払っていないように見える。あなたはテレビで際限なく朝から夜遅くまで娯楽番組を見ている。一つ二つのチャンネルは例外だが、それとてごく短いし、あまり真剣でもない。子供たちも娯楽を与えられている。コマーシャルはすべて、みなさん、楽しいですねえ、という気分を与え続けている。これが、事実上、全世界で起こっていることだ。これらの子供たちの未来はどうなるのだろう？　スポーツという娯楽がある――三万、四万もの人々が競技場の少数の人々を見つめ、声をからして叫んでいる。それから、立派な大聖堂で行なわれる式典や儀式を見に行くこともあり、それもまた娯楽の一つのかたちだ。それを聖なるもの、宗教と呼ぶだけで、娯楽であることに変わりはない――感傷的でロマンティックな経験、宗教的気分の娯楽。このようなさまざまを世界のあちこちで見て、精神が娯楽、楽しみ、スポーツで占拠されているのを見て、多少とも関心があれば、ひとは問わずにいられない。未来とは何なのだろう？　かたちは違っても、同じことが続くのだろうか？

さまざまな娯楽が？

そこであなたは、少なくとも自分に何が起こっているかに気づいているなら、娯楽とスポーツの世界がどのようにあなたの精神を捉え、人生をかたちづくっているかを考えなければならない。このすべては、どこにつながっていくのだろう？　それとも、あなたはぜんぜん関心がないのだろうか？　あなたはたぶん、明日のことなどどうでもいいのだろう。それについて考えてこなかったし、考えたとしても、訪れる歳月についてーーあなた個人の老いについてではなく、この言葉を使っていいのなら、運命についてーーあらゆる種類のロマンティックで感情的で感傷的な感覚と追求に満ち、あなたの精神を刺激する娯楽の世界全体に満ちた、現在の生き方の結果について考えるなんて、複雑すぎるし、恐ろしすぎるし、危険すぎる、と言うかもしれない。あなたがこのすべてに気づいているなら、人類の未来はどうなるだろう？

前にも言ったように、未来とは、あなたの現在だ。何の変化もないならーー政治的、宗教的、社会的パターンなどへの表面的な適応、表面的な調整ではなく、はるかに深い、あなたの注意力と心遣いと愛情を要する変化だーー根本的な変化がないなら、未来は、わたしたちがいまの暮らしのなかで毎日しているこのままである。変化とは、どちらかというと難しい言葉だ。何への変化か？　別のパターンへの変化か？　別の概念への？　別の政治的あるいは宗教的システムへの？　これからあれへの変化？　それは依然として、「あるがまま」の範囲内もしくは領域のなかにある。思考によって投影されたもの、思考によって形成されたもの、物質主義的に決定されたものへの変化だ。

そこでひとは、この「変化」という言葉について注意深く探究しなければならない。動機があるとき、変化は存在するだろうか？　特定の方向が、特定の目的が、まっとうで合理的だと思われる結論があるとき、変化は存在するだろうか？　あるいは、「あるがままの終わり」という言葉のほうがいいかもしれない。「あるがまま」から「あるべき」への運動ではなく、終わりである。それは変化ではない。だが、終わりが、停止が——どの言葉が正しいだろう——わたしは「終わり」が良い言葉だと思うので、これを使うことにしよう。終わりだ。だが、もし、終わりが、動機をもち、目的をもち、決定すべきものであれば、そのときには、これからあれへのただの変化でしかない。「決定」とは、意志の行為を意味している。「わたしはこうする」「あれはしない」。終わりの行為に欲望が入り込めば、その欲望は終わりの原因になる。原因があるとき、動機があり、したがって、ほんとうの終わりはまったくない。

二〇世紀には、二つの壊滅的な戦争によって引き起こされた、とてつもなく多くの変化があった。非常に多くの変化をもたらした技術的世界は別としても、弁証法的唯物論、そして宗教的な信念や行動や儀式などへの懐疑論等々があった。そしてコンピュータが充分に発達すれば、さらなる変化が起こるだろう——いまは、まだその始まりにすぎない。コンピュータが支配的になったら、わたしたち人間の精神には何が起こるだろう？　それはまた、いずれ分け入って探究すべき別の問題だ。

娯楽産業による支配が起こったとき、いまそれは徐々に進行しているが、そのとき、若者、学生、子供たちは常に、楽しみに、気まぐれに、ロマンティックな官能的感覚に刺激され続け、「抑制」や「清貧」という言葉は押しやられて一顧だにされなくなる。世界を否定し、何らかの揃いの服やただの布きれをまとう僧侶やヒンドゥー教托鉢僧の清貧——このような物質的世界の否定は、たしかに、清貧ではない。あなたはこのことに、清貧とは何を意味するのかに、耳を傾けすらしないかもしれない。子供のころから自分を楽しませ、宗教その他の娯楽を通じて自分自身から逃げるように育てられていれば、そして、感じたことはすべて表現すべきだし、どんなかたちの自制や抑制も有害でさまざまなかたちの神経症につながると、ほとんどの心理学者が言っているのであれば、とうぜん、あなたはさらに深くスポーツ、娯楽、楽しみの世界に入り込む。どれも自分自身からの、あるがままの自分からの逃避を助長する。

あるがままの自分の性質を、どんな歪みも偏りもなしに、また発見した自分へのどんな反応もなしに理解することは、清貧の始まりだ。あらゆる思考、あらゆる感情の、観察、気づきは、それを抑制するのでもコントロールするのでもなく、飛ぶ鳥を観察するように、どんな偏見も歪みもなく観察することだ――この観察がとてつもない清貧の感覚をもたらし、それが、あらゆる抑制を、自分自身についての無駄な騒ぎを、自己改善や自己実現といった観念のすべてを――こうしたことはどれも子供じみている――乗り越えた先へと進む。この観察のなかに偉大なる自由があり、その偉大なる自由のなかに、清貧の威厳の感覚がある。だが、このようなことを現代の学生たちや子供たちに語れば、彼らは退屈そうに窓の外を眺めるだろう。なぜなら、この世界は自分の快楽の追求に夢中なのだから。

薄い黄褐色の大きなリスが木から降りて餌場にやってきて、その上に座り込んで穀粒をかじりながら、くるりとした尻尾をたて、ビーズのような大きな目であたりを見回している――なんとすばらしいことか。リスは一分ほど座ってから降りてきて、岩のまわりを歩き、それからまた木に駆け上がって消えていった。

ひとは常に自分自身から、あるがままの自分から、自分が向かっていることから、そうしたすべての意味から――宇宙、日常生活、死ぬことと始まることから――逃げているように思われる。どれほど自分自身から逃げたとしても、意識的、意図的に、あるいは無意識に、微妙に、彷徨いだしていったとしても、葛藤、快楽、苦痛、恐怖等々は常に存在するのであり、わたしたちがこのことに決して気づかないのは奇妙なことである。結局は、それらが支配する。それらを抑えようとし、意図的に意志的行動で押しのけようとしても、それらはまた顔を出す。そして、快楽は圧倒的な要素の一つだ。それもまた、同じ葛藤、同じ苦痛、同じ退屈を有している。快楽の倦怠は、そして苛立ちは、人生の混乱の一部だ。そこから逃げることはできない。友よ、あなたはこの深く底知れない混乱から逃げられない――それについて、ほんとうに考えないかぎり。いや、考えるだけではなく、思考と自己の動きの全体をたゆみなく観察し、慎重な注意とともに見ないかぎりは。あなたは言うだろう。そんなことはめんどうくさい、それどころか不必要だ、と。だが、そこに注意を向け、心に留めなければ、未来はさらに破壊的で、さらに耐え難くなるばかりでなく、たいした意味もなくなってしまう。このすべては陰気で暗い見方ではなく、実際にそうなのだ。あなたの現在は、訪れる日々とともに、あなたの未来となる。あなたはそれを避けることはできない。太陽が昇り、そして沈むのと同じように決定的なのだ。それはすべてのひと、すべての人間が分かち合うことになる――わたしたちすべてが、一人ひとりが変化しないかぎり、思考によって投影されたものではない何かに変化しないかぎりは。

Krishnamurti to Himself（邦訳『最後の日記』平河出版社）

3. 自己の働きについての洞察

ほとんどの人間は利己的である。彼らは自分が利己的であることを意識していない。それが彼らの生き方だ。もし、自分が利己的であると気づいていれば、それを非常に注意深く隠して、社会のパターンに同調するが、そのパターンは原則として利己的だ。利己的な精神は非常に狡猾である。残忍かつおおっぴらに利己的であるか、あるいはさまざまなかたちを取る。政治家なら、利己心は権力、地位、人気を求める。それは自らを観念や使命と、公益のためのすべてと同一化する。専制君主なら、残忍な支配としてそれ自身が現われる。宗教的な傾向があれば、賛美、献身、何らかの信念や教義への信奉というかたちを取る。それはまた家族のなかにも現われる。父親は自らの利己心を彼の生き方のすべてにおいて追求するし、母親も同じだ。名声、繁栄、見てくれの良さは、このひそかに隠れて進行する自己の動きの基盤を形成している。それは聖職者の階層構造のなかにもある。彼らがどれほど神への愛や、自ら作り上げた特定の神性のイメージへの信奉を主張するとしても、である。事業のリーダーたちも、貧しい事務員も、この拡大しながら鋭敏さを失わせる自己への情感を有している。俗世を捨てている僧侶たちは世界を放浪したり、どこかの僧院にこもったりするかもしれないが、この自己の終わりなき運動から離れ去ってはいない。彼らは名前を変え、衣をまとい、独身や沈黙の誓いをたてるかもしれないが、何らかの理想、何らかのイメージ、何らかのシンボルに燃えている。

科学者や哲学者、大学教授たちも同じだ。立派な仕事をするひと、聖人、グル、貧しい人々のために際限なく働く男女──彼らはすべて、仕事のなかで自分自身を捨てようとするが、しかし、仕事はその一部なのだ。彼らは利己主義を労働に転換している。それは子供のころに始まり、老年まで続く。知識のうぬぼれ、指導者が実践する謙遜、服従する妻と支配する男、すべてはこの病である。自己は国家や際限ない集団に、際限ない観念や大義に同一化するが、しかし、そもそもの始まりと同じところに留まっている。

人間はこれほどの惨めさと混乱を引き起こすこの中心《センター》から自由になるために、さまざまな実践、方式、瞑想を試みてきたが、それは影のように決して捉えられない。それは常にそこにあるが、指からすりぬけ、精神からすり抜ける。状況によって、ときには強化され、あるいは弱体化する。それをこちら側で追い払うと、それはあちら側で顔を出す。

ひとはいぶかる。新しい世代に大きな責任がある教育者は、自己がどれほど厄介なものかを、言葉としてではなく、理解しているだろうか──それが人生をどれほど腐らせ、歪める危険なものかを。彼はどうやってそれから自由になるかを知らないのかもしれないし、その存在自体にまったく気づいていないのかもしれない。だが、ひとたび自己の動きの本質を見るなら、彼あるいは彼女は、その機微を生徒に伝えられるのではないか？　そして、そうするのが、彼の責任ではないのか？　自己の働きへの洞察は、学術的な学びよりもはるかに重要だ。知識は、自己が自らを拡大し、攻撃的にするために、生来の残虐さのために、利用される可能性がある。

利己心は私たちの人生の本質的な問題だ。同調や模倣は自己の一部である。競争や才能の容赦なさがそうであるように。学校の教育者がこの問題に心から真剣に取り組むとして(わたしはそうしてほしいと願っているが)、彼はどうすれば、生徒たちが無私になるのを助けられるだろうか? あなたは、それは不思議な神々の恵みであるとか、それは不可能だから忘れなさい、と言うかもしれない。だが、ひととしてそうあるべきであるように真摯であるなら、そして、生徒に対して全的に責任を負うなら、あなたはどうやって、この衰えを知らず、縛り続けるエネルギーから——これほど多くの悲しみを引き起こす自己から——精神を解放するだろうか? あなたは最善の注意を払って——つまりは愛をもって、ということだが——怒りにまかせて話すとどんなことになるかを、あるいは誰かを殴ったり、自分は重要なのだと考えたりするとどうなるかを、シンプルな言葉で生徒に説明するのではないだろうか? 「これはわたしのものだ」と主張したり、「わたしがしたのだ」と自慢するのは、あるいは恐怖のせいで何かの行動から逃げるのは、自分のまわりに煉瓦を一つずつ積んで壁を作ることなのだよ、と説明することができるのではないか? 生徒の欲望や感覚が理性的な思考を凌駕したときは、ほら、自己の影が肥大しているよ、と指摘することができるのではないか? どんな姿に化けていても、自己がいるなら、そこには、愛はあり得ない、と教えてやれるのではないか?

だが、生徒は教育者に尋ねるかもしれない。「あなたはそのすべてを自覚しているのですか、それとも言葉を弄《もてあそ》んでいるだけですか?」と。まさにその質問はあなた自身の英知を目覚めさせ、その英知があなたに正しい感情と正しい言葉を、答えとして与えてくれるだろう。
教育者であるあなたには、何の地位もない。あなたは生徒と同じように人生のあらゆる問題を抱えている人間だ。地位から語るとき、あなたはじつは人間関係を破壊している。地位とは権力を意味し、意識的、無意識的に地位を求めているとき、あなたは残酷な世界に入り込む。友よ、あなたには大きな責任があるのだ。あなたが全的な責任を、それは愛だが、それを負うとき、自己の根は消える。これは励ましとして言っているのではない。あなたにそうするべきだと感じさせるために言っているのでもない。わたしたちはみな人間で、人類全体を代表していて、自分で選択するかどうかにかかわらず、完全かつ全的に責任を負っている。あなたはそれを避けようとするかもしれないが、その動きそのものが自己の行動なのだ。知覚の明晰さは自己からの自由である。

Letters to the Schools（邦訳『アートとしての教育』コスモス・ライブラリー）

4. 偉大なる聖性の祝福

今日の早朝、空には雲一つなかった。オリーブや黒っぽい糸杉で灰色に見えるトスカナの丘陵の向こうから太陽が昇ってきた。川にはまったく影がなく、ポプラの葉群は静かだ。まだ渡りをしていなかった数羽の小鳥がさえずり、川は動いていないように見えた。太陽が川の向こうに高く昇ると、静かな水面に長い影が投げかけられた。穏やかなそよ風が丘陵の向こうから渓谷を通って吹いていた。そよ風は朝日を浴びた葉群を通り抜けながら葉を揺らし、踊らせる。長い影や短い影、太った影や小さな影が茶色にきらめく川面に映っていた。一本だけの煙突が煙を吐き始めた。灰色の煙が木々のあいだを抜けていく。魅力と美にあふれた美しい朝だ。おびただしい影があり、おびただしい葉が揺れている。大気は香《かぐわ》しく、秋の日差しのなかではあったが、春の息吹が感じられた。小さな自動車が騒音をまき散らしながら丘を登っていたが、一千もの影は動かないままだった。美しい朝だった。

昨日の午後、それは騒がしい通りを見下ろす部屋で、ふいに始まった。他性《アザーネス》の強さと美が部屋から道路を超えて外へ広がり、庭や丘陵を超えていく。それは巨大で見通せないものとして、そこにあった。その午後、ベッドに入ろうとしたちょうどそのとき、すさまじい強烈さで、そこにあった。偉大なる聖性の祝福だ。それに慣れることはあり得ない。それは常に異なるから。常に何か新しいものが、新しい質が、微妙な意義が、新しい光が、以前には見たことのない何かが、そこにある。それは蓄えられるものでも、記憶できるものでも、ゆっくりと検討できるものでもない。それはそこにあり、どんな思考も近づけない。脳は静止していて、経験し蓄える時間というものがないからだ。それはそこにあり、すべての思考は静止した。

生の激しいエネルギーは常に、夜も昼もそこにある。それには摩擦もなく、方向もなく、選択も努力もない。それはそれほどの激しさをもってそこにあるので、思考も感情も、それを捉えて、好みや信念や経験や要求に合わせて型に入れることはできない。それはそれほどの豊穣さをもってそこにあるので、何ものもそれを減らすことはできない。だが、わたしたちはそれを利用し、それに方向を与え、それを捉えて自分の存在という型にはめ、歪めて、わたしたちのパターン、経験、知識に同調させようとする。そのエネルギーを狭めようとするのは、野心であり、羨望であり、貪欲であり、そこには葛藤と悲しみがある。個人的であれ集団的であれ、野心の残酷さがその強度を歪め、憎しみと敵意と葛藤を引き起こす。嫉妬の行動すべては、このエネルギーを悪用し、不満と惨めさと恐怖を引き起こす。恐怖があれば、罪悪感があり、不安があり、比較と模倣の終わりのない惨めさがある。この悪用されたエネルギーが、聖職者や将軍、政治家や泥棒を作り出す。永遠性と安定への欲望によって完全さを損なわれた、この際限のないエネルギーが、不毛な観念や競争、残酷さと戦争を育てる土壌となる。それは人間どうしの終わりのない葛藤の原因である。

それらすべてを押しやり、楽々と何の努力もなしにいるとき、そのときにだけ、この強烈なエネルギーはただ存在し、自由のなかで花開くことができる。自由のなかでだけ、それは何の葛藤も悲しみも引き起こさない。そのときにだけ、それは増大していき、終わりがない。それは始まりも終わりもない生である。それは愛である。創造であり、破壊である。

一つの方向に使われたエネルギーは一つのものごとに、葛藤と悲しみに導く。全的な生の表現であるエネルギーは測り知れない至福である。

Krishnamurti's Notebook（邦訳『クリシュナムルティ・ノート』たま出版）

一九六一年十月九日

V　対話と討論

1. 神は存在するか?

質問者:わたしは、神が存在するかどうかをどうしても知りたいのです。もし存在しないのなら、人生は無意味です。神を知らないので、ひとはおびただしい信念やイメージで神を発明してきました。そのような信念のすべてによって生み出された分断と恐怖が、ひとを仲間の人間から分断しています。この分断による苦痛と害から逃れるために、ひとはさらなる信念を創り出し、山のような悲惨さと混乱がひとを飲み込んできたのです。わたしたちは知らないから、信じるのです。わたしは神を知ることができますか? わたしはインドでもここでも大勢の聖者たちにこの質問をしてきましたが、彼らはすべて信念を強調しました。「信じなさい、そうすれば、わかるでしょう。信念がなければ、決して知ることはできないのです」と。あなたは、どうお考えですか?

クリシュナムルティ:見出すために、信念は必要でしょうか? 学ぶことは、知ることよりもはるかに重要です。信念について学ぶのは、信念の終わりです。精神が信念から自由なら、見ることができます。拘束しているのは、信念あるいは不信なのです。不信と信念は同じですからね。二つは同じコインの表裏です。ですから、わたしたちは肯定あるいは否定の信念を完全に捨てることができます。信ずる者と信じない者は同じです。このことが実際に腑に落ちたら、「神は存在するか？」という質問はまったく違った意味になります。「神」という言葉とそこに付随する伝統、記憶、知的、感傷的な含意――このすべては、神ではありません。言葉は現にあるもの（the real）ではないのです。では、精神は言葉から自由になれるでしょうか？

質問者：おっしゃる意味がわかりません。

クリシュナムルティ：言葉は、伝統、希望、絶対を見つけたいという欲望、究極を求める努力、存在に活力を与える運動です。そこで、言葉そのものが究極になりますが、それでもわたしたちは、言葉は事物そのものではない、ということを見ることができます。精神とは言葉であり、言葉は思考です。

質問者：そして、あなたはわたしに、自分から言葉を剥ぎ取れとおっしゃっているのですか？　どうすれば、そんなことができるのでしょう？　言葉は過去です。記憶です。妻とは言葉であり、家とは言葉です。最初に言葉がありました。それに、言葉はコミュニケーションの、アイデンティティの手段です。あなたの名前はあなたではないが、それでも、あなたの名前がなければ、わたしはあなたについて質問できません。そして、あなたはわたしに、精神は言葉から自由になれるか、とお尋ねになる――それは、精神はそれ自身の活動から自由になれるか、ということですか？

クリシュナムルティ：木の場合、対象は目の前にあり、そして言葉は普遍的な合意によって木を指し示しています。ところが、「神」という言葉は指し示すものが何もありません。それで、ひとはそれぞれが指し示すもののない言葉について、自分自身のイメージを創り出すことができます。神学者はなりにそうしますし、知識人は別のやり方でしますし、信者や不信心者もそれぞれのやり方でそうしているのです。希望がその信念を生み出し、それから探究になります。この希望は絶望の結果です――わたしたちが周囲の世界で見るすべてに対する絶望です。絶望から希望が生まれるのです。この二つも同じコインの表裏です。希望がないときには地獄があり、この地獄への恐怖がわたしたちに希望の活力を与えます。そして、幻想が始まります。ですから、この言葉は、わたしたちを幻想へと導くのであって、まったく神に導きはしないのです。神はわたしたちが崇拝する幻想です。不信心者はまた別に崇拝する神を創り出します――国家あるいは何らかのユートピア、あるいはすべての真理が書かれていると思う書物等。そこでわたしたちは、あなたが言葉とそれに付随する幻想から自由になれるか、と尋ねているのです。

質問者：それについて瞑想しなくてはいけませんね。

クリシュナムルティ：もし幻想がなかったら、何が残るでしょう？

質問者：あるがまま、だけです。

クリシュナムルティ：その「あるがまま」が、最も聖なるものなのです。

質問者：「あるがまま」が最も聖なるものだとすれば、戦争も、憎悪や無秩序、苦痛、強欲、略奪も、最も聖なるものですね。それなら、わたしたちはどんな変化についても口にすべきではないことになります。もし「あるがまま」が神聖なら、あらゆる殺人者、略奪者、搾取者は「わたしに触れるな、わたしの行ないは神聖なのだから」と言えてしまいます。

クリシュナムルティ：「『あるがまま』が最も聖なるものである」という言い方の、まさにそのシンプルさが、大いなる誤解につながります。なぜなら、わたしたちはその真理を見ないからです。「あるがまま」が神聖であることを見れば、あなたはひとを殺さないし、戦争をしないし、希望しないし、搾取しません。そういうことをしておいて、踏みにじった真理から免れることを主張することはできないのです。黒人暴徒に「あるがままが神聖なのだ、邪魔するな、焼くな」と言う白人は、見ていないのです。見ていたならば、彼にとって黒人は神聖となり、火をつける必要もなくなります。ですから、わたしたち一人ひとりがこの真理を見れば、必ず変化します。真理を見ることは変化なのです。

質問者：わたしは神が存在するかどうかを見出すためにやってきました。でも、お話を聞いて、すっかり混乱しています。

クリシュナムルティ：あなたは、神は存在するかと尋ねにいらっしゃった。わたしたちはこう言ったのです。その言葉はわたしたちが崇拝する幻想につながり、その幻想のために、わたしたちは意図的に互いを破壊し合っている、と。幻想がなければ、「あるがまま」が最も神聖です。では、実際のあるがままを見つめてみましょう。ある瞬間の「あるがまま」とは恐怖かもしれず、まったくの絶望あるいは儚《はかな》い喜びかもしれません。これらは常に変化しています。さらに、「これらはすべて、わたしのまわりで変化しているが、わたしは依然として永遠だ」と言う観察者がいます。それは事実でしょうか、ほんとうにあるがままですか？　彼もまた変化していて、自分自身に足したり引いたりし、修正したり、調整したり、何かになったりならなかったりしているのではありませんか？　ですから、観察者も観察されるものも、どちらも常に変化しているのです。「あるがまま」とは変化です。それが事実です。それが「あるがまま」です。

質問者：それでは、愛も変化するのですか？　何もかもが変化する運動だとしたら、愛もまた、その運動の一部ではないのですか？　そして、愛が変化するなら、わたしは今日一人の女性を愛し、明日は別の女性と寝てもいいことになります。

クリシュナムルティ：それが愛ですか？　それとも、あなたは、愛はその表現とは違う、とおっしゃっているのですか？　あるいは、あなたは愛よりもその表現のほうがもっと重要だと思っていて、それで矛盾や葛藤を起こしているのでしょうか？　愛は変化の歯車に巻き込まれ得るものですか？　もしそうなら、それは憎悪でもあります。そうなら、愛は憎悪です。「あるがまま」が最も神聖なのは、何の幻想もないときだけです。何の幻想もないとき、「あるがまま」は神です——あるいは、ほかにどんな名前を使ってもかまいません。ですから、神、あるいはどんな名前を使うにしろ、それは、あなたがいないときにだけ存在します。あなたがいるとき、それは存在しません。あなたがいないとき、愛があります。あなたがいるときには、愛はありません。

The Urgency of Change（邦訳『自己の変容』めるくまーる社）

2. 苦しみ

質問者：わたしは人生でずっと多大の苦しみを味わってきたように思います。肉体的にではなく、死や孤独、そして自分という存在のどうしようもない空しさを通しての苦しみです。わたしには息子がいて、とても愛していました。その息子は事故死しました。妻は出て行き、それでわたしは非常に苦しみました。わたしはたぶん、大勢の中産階級のひとたちと同じで、充分なお金があり、安定した仕事があります。わたしは自分の状況に不満ではないのですが、悲しみが何を意味するのか、そもそもなぜ悲しみがやってくるのかを理解したいのです。ひとは、智慧は悲しみを通してやってくると言いますが、わたしの経験ではまったく逆です。

クリシュナムルティ：あなたは、いったい苦しみから何を学んだのでしょう？　何かを学びましたか？悲しみはあなたに何を教えましたか？

質問者：ひとに愛着をもつなということは、たしかに教えられました。それにある種の苦々しさ、ある種の冷やかさ、それに感情を暴走させないことも。二度と傷つかないためには、非常に慎重であるべきだと教えられました。

クリシュナムルティ：それでは、智慧は教えられなかったということですね。逆に、あなたはより狡猾に、より無神経になったのでしょう。悲しみはあなたに、明らかな自衛反応以外の何も教えなかったのですか？

質問者：わたしはいつも、苦しみを人生の一部として受け入れてきました。ですが、いまはなぜか、もうそれから自由になりたい、俗っぽい苦々しさや冷淡さのすべてから自由になり、愛着による苦痛のすべてを二度と経験せずにすむようにしたい、と思うのです。わたしの人生はあまりにも無益で空しく、まったく自閉的で無意味です。平凡な人生ですが、たぶん、その平凡さが最も大きな悲しみなのでしょう。

クリシュナムルティ：個人的な悲しみがあり、世界の悲しみがあります。無知の悲しみがあり、時間の悲しみがあります。無知とは、自分自身を知らないことです。時間の悲しみとは、時間が癒し、治し、変化させてくれるというごまかしです。ほとんどのひとはそのごまかしにひっかかって、悲しみを崇拝するか、説明して片づけています。だが、どちらの場合も悲しみは継続します。そして、ひとは、悲しみが終わることがあるのか、とは決して自問しないのです。

質問者：ですが、わたしはいま、悲しみが終わることがあるのか、どうすれば終わるのか、とお尋ねしているのです。どうすれば、悲しみを終わらせられるのでしょう？　そこから逃げても何にもならないこと、あるいは苦々しさや冷笑を伴う抵抗も無益であることは理解しています。これほど長くつきまとっている悲哀を終わらせるには、わたしはどうすればいいのですか？

クリシュナムルティ：自己憐憫は、悲しみの要素の一つです。もう一つの要素は、誰かに愛着し、相手に自分への愛着を促したり強いたりすることです。悲しみとは、愛着に失敗したときにあるだけでなく、愛着のそもそもの始まりに種が蒔かれているのです。悲しみの終わりです。このようなすべてで、問題は自分自身をまったく知らないことです。自分自身を知ることが、悲しみの終わりです。わたしたちは自分自身を知ることを恐れている。なぜなら、自分自身を善と悪、邪悪と高貴、純粋と不純に分断してきたからです。善は常に悪を裁断し、これらの断片は互いに争い合っています。その争いが悲しみです。悲しみを終わらせるとは、その事実を見て、対立物を作り出さないことです。対立物にはお互いが含まれているのですから。その対立物という回廊を歩むこと、それが悲しみです。人生を高いと低い、高貴と下賤、神と悪魔に断片化することが、葛藤と苦痛を生みます。悲しみがあるときには、愛はありません。愛と悲しみは共生できないのです。

質問者：そうなのか！　ですが、愛は相手に悲しみをもたらすことがあります。わたしは誰かを愛し、それでも相手を悲しませたりします。

クリシュナムルティ：もし、あなたが愛しているなら、あなたが悲しみをもたらすのでしょうか、それとも相手がそうするのでしょうか？　相手があなたに愛着していたら、そう促されるかどうかにかかわらず、あなたが彼から離れたら、彼は苦しみます。その苦しみをもたらしたのは、あなたでしょうか、それとも彼ですか？

質問者：わたしは誰かの悲しみに責任がない、とおっしゃるのですか？　その悲しみがわたしのせいだとしても？　それでは、悲しみはどうすれば終わるのでしょうか？

クリシュナムルティ：これまで言ってきたように、自分自身を完全に知ることによってのみ、悲しみは終わります。あなたは、一瞥して自分を知るのでしょうか？　それとも、長い分析ののちに知りたいと望むのですか？　分析を通じて自分自身を知ることはできません。蓄積なしに、関係性のなかで、瞬間瞬間に自分自身を知ることができるだけです。つまり、ひとは実際に何が起こっているかに無選択に気づいていなければならない、ということです。それは、あるがままの自分を見る、対立物なしに、理想なしに、こうであったという知識もなしに見ることです。恨みや悪意の目で自分を見つめるなら、あなたが見るものは過去の色に染まっています。自分自身を見るときには、常に過去をきれいに捨てること、それが過去からの自由です。悲しみは理解という光があるときにだけ終わるのであり、その光は一つの経験やある一瞬の理解によって灯されるのではありません。その理解は常にそれ自身を光らせています。誰もそれを与えてはくれません——どんな書物も、工夫も、教師も、救済者も。あなた自身を理解すること、それが悲しみの終わりです。

The Urgency of Change（邦訳『自己の変容』めるくまーる社）

3. 宗教的な人生

質問者：宗教的な人生とは何なのかを知りたいと思います。わたしは何か月かいろいろな僧院に滞在し、瞑想し、戒律を守り、たくさん読んできました。さまざまな寺院、教会、モスクを経験しました。わたしは非常にシンプルで無害な人生を送ろう、ひとや動物を傷つけまいと努力してきました。でも、それが宗教的な人生のすべてではないですよね？　わたしはヨーガもやりましたし、禅も学び、多くの宗教的な戒律に従ってきました。わたしは昔も今もベジタリアンです。ご覧のように、わたしはもう歳をとっていますし、世界のさまざまな場所の聖人たちと暮らしてきました。けれどもなぜか、こういうことのすべては本物の外縁でしかない、と感じるのです。そこで、今日はあなたと、宗教的な人生について話し合いたいのですが。

クリシュナムルティ：あるとき、ヒンドゥー教の修行者がやってきました。彼は悲しげで、こう言いました。自分は独身の誓いをたて、世間を捨てて托鉢僧になり、村から村へと歩いたが、性的欲望があまりに強かったので、ある朝、性器を切断しようと決心した、と。傷は何カ月も痛み続けましたが、なんとか治癒しました。そして何年もたってから、彼は自分が何をしたかにつくづくと気づいたのです。そこでわたしに会いにやってきて、小さな部屋で、自分で肉体を損なったいま、もう一度正常になるために――もちろん、肉体的にではなく内面的に――自分はいま何ができるだろう、と尋ねました。彼がそうしたのは、性行動が宗教的な人生に反すると考えられていたからです。それは俗世のこと、快楽の世界に属することで、ほんとうの修行者はどんなことをしてでも避けなければならない、と思われていたのです。彼は言いました。「いまわたしはまったく途方に暮れ、男性性を失っています。わたしは自分の性的欲望と必死で闘い、コントロールしようとし、結局、この恐ろしいことを実行しました。いま、わたしはどうしたらいいのでしょうか？　自分がしたことが間違っていたことはわかります。わたしのエネルギーはほぼ消えてしまい、わたしはどうやら暗闇のなかで人生を終わるように思うのです」。彼はわたしの手を取り、わたしたちはしばらく黙って座っていました。

それが宗教的な人生でしょうか？　快楽や美を否定することが宗教的な人生につながる道でしょうか？　空や丘陵、人間のかたちの美を否定する、それが宗教的な人生につながりますか？　けれども、ほとんどの聖人や僧侶はそう信じています。彼らはそう信じて、苦行します。苦しめられ、捩じ曲げられ、歪められた精神が、宗教的な生き方とは何かを発見することができるでしょうか？　だが、すべての宗教は、リアリティへの、あるいは神への（いろいろな呼び方をしますが）唯一の道はこの苦行、この捻じ曲げだと主張しています。彼らはみな、自分たちが霊的あるいは宗教的な人生と呼ぶものと、世俗の人生と呼ぶものを区別しているのです。

あるひとが、ときおりほんの一瞬の悲しみや敬虔さを味わうものの、快楽のためだけに生きて、全人生を娯楽や楽しみに捧げたとしたら、たとえ非常に賢くて、非常に学問があり、ほかのひとたちの思考や自分の思考で人生を満たしていたとしても、もちろん、彼は世俗的なひとです。そして、あるひとに天与の才能があり、その才能を社会のために、あるいは自分の快楽のために発揮するなら、そして才能を充分に生かして名声を得たとしたら、そのひともまた、間違いなく世俗的です。だが、教会や寺院やモスクに通い、祈りを捧げても、偏見と偏狭さでいっぱいで、それがどれほど残忍なことかに気づかないとしたら、それも世俗的なのです。愛国主義、国粋主義、理想主義であること、それも世俗的です。僧院にこもる——決まった時間に起床して、書物を手にして読み、祈る——それもまた、たしかに世俗的です。それから、社会改革者や伝道者などとして世間に出て良いことをする、そのひとも、ちょうど世界に関心をもつ政治家と同じです。宗教的な人生と世界を分ける、その分断自体が、まさに世俗の本質です。そのようなひとたち——僧侶、聖人、改革者——の精神は、快楽を与えてくれるものだけに関心があるひとたちの精神と、たいして違いません。

ですから、人生を世俗と非世俗に分断しないことが重要です。世俗的といわゆる宗教的とを区別しないことが重要なのです。物質の世界が、物質的な世界がないのであれば、わたしたちはここにはいません。空や丘の上の一本の木の美が、通り過ぎるあの女性が、馬に乗っているあの男性がいなければ、人生はあり得ないでしょう。わたしたちは生の全体性とかかわっているのであり、残りのすべてと対立し宗教的と見なされる一部にだけかかわっているのではありません。そこで、宗教的な人生とは特定部分ではなく、全体とかかわっていることが見えてくるはずです。

質問者：おっしゃることはわかります。わたしたちは生の全体性に取り組まなければならない。世界をいわゆる霊《スピリット》から分離することはできません。そこで質問ですが、人生のすべてとのかかわりで、どうすれば、わたしたちは宗教的に行動できるでしょうか？

クリシュナムルティ：宗教的な行動とは、どういう意味でおっしゃっているのですか？　分断のない――世俗と宗教との、あるべきとあるべきでないとの、わたしとあなたとの、好むと好まざるとの分断のない――生き方という意味ではないのですか？　分断は葛藤です。葛藤の人生は宗教的な人生ではありません。宗教的な人生が可能なのは、わたしたちが葛藤を深く理解したときだけです。この理解が英知です。この英知が正しく行動するのです。ほとんどのひとが英知と呼んでいるものは、ある技術的活動における単なる器用さ、あるいはビジネスや政治的なごまかしの上での狡猾さにすぎません。

質問者：すると、わたしの質問は、どうすれば葛藤なく生きて、何らかの宗教的な檻――どれほど古くて崇められている檻であっても――によって条件づけられた単純な感情的信心深さとは違う、真に神聖なるものを感じられるだろうか、ということになるのでしょうか？

クリシュナムルティ：村でたいした葛藤もなしに生きているひと、あるいは「神聖な」丘にある洞窟で夢見ているひとはもちろん、わたしたちが話している宗教的な人生を送っているわけではありません。葛藤を終わらせるとは、最も複雑なことの一つです。それには自己観察と、内面だけでなく外部への鋭敏な気づきが必要です。葛藤が終わるのは、自分自身のなかの矛盾を理解した場合だけです。この矛盾は、既知、つまり過去からの自由がなければ常に存在するでしょう。過去からの自由とは、いまに生きることを意味しており、そのいまとは時間ではありません。そこには過去に、既知に触れられることがない自由の運動だけがあります。

質問者：過去からの自由とは、どのような意味でおっしゃっているのですか？

クリシュナムルティ：過去とは、わたしたちの蓄積された記憶のすべてです。それらの記憶は現在に活動し、未来への希望と恐怖を創り出します。そのような希望と恐怖が心理的な未来です。それがなければ、未来もありません。ですから、現在とは過去の活動であり、精神はこの過去の運動です。現在に活動する過去は、わたしたちが未来と呼ぶものを創り出します。この過去の応答は自発的なものではなく、呼び出されたり招きよせられるものでもなく、わたしたちは知らないうちに巻き込まれています。

質問者：それでは、どうすれば、そこから自由になれるのですか？

クリシュナムルティ：その運動に無選択に気づいていること――なぜなら、選択もまた同じく、さらなる過去の運動だからです――つまり、過去の活動を観察することです。そのような観察は過去の運動ではありません。思考のイメージなしに観察するのは、過去が終わっている活動です。思考なしに木を観察するのは、過去のない活動です。過去の活動を観察することもまた、過去のない活動です。見ている状態のほうが、見られているものよりもずっと重要なのですよ。その無選択の観察のなかで過去に気づいているのは、ただ異なる行動をするだけでなく、異なる存在となることです。その気づきのなかでは、記憶は障害なしに効率的に活動します。宗教的であるとは、既知からの自由があるべく、そのように無選択に気づいていることです。たとえ、必要な場合は既知が活動するとしても、です。

質問者：ですが、既知は、過去は、活動すべきでないときにも活動します。依然として活動して、葛藤を引き起こします。

クリシュナムルティ：そこに気づいていることもまた、活動している過去に関して無活動の状態でいる、ということです。ですから、既知からの自由が真の宗教的な人生なのです。それは既知を一掃してしまうという意味ではなく、まったく異なる次元に入って、そこから既知を観察することです。この無選択に見るという行動は、愛の行動です。宗教的な人生とはこの行動であり、すべての生はこの行動であって、宗教的な精神とはこの行動です。ですから、宗教、精神、生、愛は一つなのです。

The Urgency of Change（邦訳『自己の変容』めるくまーる社）

4. 真の否定

教師：あなたは子供たちへの講話の一つで、問題が生じたら即座に解決すべきだとおっしゃいました。どうすれば、それができるのでしょうか？

クリシュナムルティ：問題を即座に解決するためには、問題を理解しなければなりません。問題の解決には時間を要するのか、あるいは知覚の強度、見ることの強度の問題でしょうか？　わたしに問題があるとします。わたしは何もできずにいる。このように、わたしのなかに葛藤を、矛盾を創り出すという意味で、それは問題なのです。わたしは何もできずにいる、というのが一つの事実であり、それは嫌だ、というのもまた、もう一つの事実です。まず、自分が何もできずにいる事実を理解しなければなりません。その事実とともに生きなければならないのです。その事実に強く気づいているばかりでなく、それを充分に把握しなくてはいけません。さて、把握することは時間の問題でしょうか？　その事実は即座に見ることができる。そうではありませんか？　そして、即座の知覚、即座に見ることが、その事実を解決します。わたしはコブラを見たら即座に行動する。ですが、そのようにして、虚栄を見ることはありません。虚栄を見るとき、わたしはそれが気に入り、したがって、そのまま継続するか、あるいは、それが葛藤を引き起こすので気に入らないか、どちらかです。葛藤を引き起こさなければ、問題はないのです。

知覚と理解は時間に属してはいません。知覚とは見ることの強度の問題、つまり全的に見ることです。何かを全的に見るとは、どういうことでしょう? 何かに即座に対応する能力、エネルギー、活力、勢いを、分断されていない全エネルギーを与えるのは、何でしょうか? エネルギーを分断したとたんに葛藤が起こり、したがって、そこには何かを全的に見ることも、全的に知覚することもありません。さて、コブラを見たときに飛びのくエネルギーを与えているのは何でしょう? 身体組織だけでなく心理的にも全存在が飛びのくプロセスとはどんなもので、どうしてそこには一瞬のためらいもなく、即座の反応となるのでしょう? その即時性にかかわっているのは、何なのでしょう? その即座の行動には、いくつかのことがかかわっています。恐怖や自然な防御がなければならないし、コブラに噛まれれば死ぬかもしれないという知識もそうです。

さて、虚栄を解決することに関しては、なぜ、わたしたちは同じエネルギッシュな行動をとらないのでしょう? 虚栄は一つの例です。エネルギーの欠如にかかわる理由はいくつかあります。わたしは虚栄が好きだ。虚栄は世界の基盤だ。社会パターンの基盤でもある。虚栄のおかげで、ある種の活力を感じられるし、威厳があるとか超然とした気分になれるし、自分が他者より少々ましだと思える。こうしたすべてが、虚栄を解決するのに必要なエネルギーを妨害します。そこで、行動を妨害し虚栄に対応するエネルギーを妨げるすべての理由を分析するか、さもなければ、それを即座に見るか、です。分析とは時間のプロセスであり、延期のプロセスです。分析しているあいだ、虚栄は続きますし、時間はそれを終わらせはしません。ですから、わたしは虚栄を全的に見なければならないが、見るエネルギーを欠いている。ところで、分散しているエネルギーを集約するには、虚栄のような問題にぶつかったときにだけ集約するのではなく、いつでも常に、何の問題もないときにも、そうしている必要があります。わたしたちはいつも問題を抱えているわけではありません。問題が何もないときもあります。そのようなときにエネルギーを集約していれば、気づいているという意味で集約していれば、問題が生じたとき、それに立ち向かえるし、分析のプロセスを経過することもありません。

教師：もう一つ、難しいことがあります。何も問題がなく、そのエネルギーの集約もないとき、あるかたちの精神状態が進行しています。

クリシュナムルティ：単なる反復、記憶への反応、経験への反応には、エネルギーの浪費があります。ご自分の精神を観察してみれば、喜ばしい出来事はそれ自身を反復し続けていることがおわかりでしょう。あなたはそれを取り戻したい、それについて考えたい、だから、それは勢いを増していくのです。精神が気づいていて、何の浪費もないとき、その展開をほうっておき、思考が花開くままにしておくことは可能でしょうか？　それは、「これは正しい、あるいは間違っている」と決して言わずにその思考を生きること、思考がそのなかで花開くことができ、それ自身で終わっていく感覚でいることです。

わたしたちは問題に対して、違った取り組みをすべきでしょうか？　わたしたちは新しい質の精神をもつ世代を創造することについて、話し合ってきました。どうすれば、そうできるでしょう？　わたしがここの教師なら、そこに関心をもつでしょう――そして良い教育者は明らかに、この関心を心に抱いているはずです――新しい精神、新しい感受性、木々や空、天、流れに対する新しい感覚をもつこと、新しいかたちに作り替えられた古い意識ではなく、新しい意識を生じさせることです。わたしが言っているのは、全的に新しい、過去に汚されていない精神です。それがわたしの関心事なら、わたしは何から始めるでしょうか？

まず、そのような新しい精神をもたらすことは可能でしょうか？　新しいかたちに作り替えられた過去の継続ではなく、汚されていない精神です。それはあり得るでしょうか？　それとも、過去が現在を通じて修正され、新しいかたちに変えられ、継続しなければならないのでしょうか？　その場合は、新しい世代などはなく、古い世代が新しいかたちで繰り返されます。

わたしは新しい世代を創造することは可能だと考えます。そこで、問うのです。わたしが自分のなかでそれを経験するだけでなく、生徒に向かって表現するには、どうすればいいだろう、と。

何かを経験し、それを自分のなかで見るなら、わたしはそれを生徒に向かって表現せずにはいられません。それは、わたしの問題でも、ほかのひとの問題でもなく、まさに、相互の問題なのです。違いますか？

さて、わたしはどのようにして、汚されていない精神を実現するのでしょうか？　みなさんもわたしも生まれたてではありません。わたしたちは社会に、ヒンドゥー教に、教育に、家族に、社会に、新聞に汚されてきました。わたしたちはどうすれば、その汚染を打ち破れるでしょう？ わたしは、それは経験の一部だ、と言って受け入れるのでしょうか？ さあ、わたしはどうするでしょう？ 問題がありますーーわたしたちの精神は汚染されているのです。年長の者にとっては、打破することはさらに難しい。みなさんは比較的若い。問題は精神の汚れを取り去ることです。さあ、どうすればいいでしょうか？

それは可能か不可能か、どちらかです。さて、ひとはどうやって、可能か不可能かを発見するのでしょう？ そこに分け入ってみたいのです。

「否定」という言葉が何を意味するか、ご存じですか？ 過去を否定する、ヒンドゥー教徒であることを否定するとは、どういう意味でしょう？ あなたは何かを否定したことがありますか？ 真の否定と偽りの否定があります。動機がある否定は偽りの否定です。目的のある否定、意図のある否定、色目を使っている否定は否定ではありません。何かをもっと得ようとして、何かを否定するなら、それは否定ではありません。だが、動機がない否定があるのです。わたしが否定し、将来に何が待っているかを知らないとき、それは真の否定です。わたしはヒンドゥー教徒であることを否定し、どこかの組織に属することを拒み、特定の信条を否定し、その否定そのもののなかで自分を完全に不安定にします。そのような否定をご存じですか？ あなたはかつて何かを否定したことがありますか？ あなたは過去をそんなふうに否定できますか？ーー将来に何があるかを知らずに、否定するのです。あなたは既知を否定できますか？

教師：わたしが何かを、たとえばヒンドゥー教を否定するときには、同時にヒンドゥー教とは何かという理解があります。

クリシュナムルティ：わたしたちが話し合っているのは、新しい精神をもたらすことであり、それが可能か、ということです。汚染された精神は新しい精神ではあり得ません。ですから、わたしたちは汚れを取り除くことについて、それが可能かについて話しています。それに関連して、わたしは、あなたが意味する否定とは何か、と尋ねることから始めました。否定がそれと大きな関係があると思っているからです。否定は新しい精神と関係しています。わたしが、きれいさっぱり、根こそぎに動機なしに否定するなら、それは真の否定です。さて、それは可能でしょうか？　おわかりになりますか。わたしが政治や経済、社会関係、野心、貪欲が含まれる社会を完全に否定しないなら――それらを完全に否定しないなら、新しい精神をもつとはどういうことかを見出すのは不可能です。ですから、最初に基盤を突き崩すのは、既知のものごとの否定です。それは可能でしょうか？

明らかに、ドラッグは新しい精神を生じさせません。過去の全的な否定以外は、何ものもそれをもたらすことはないでしょう。それは可能でしょうか？　あなたはどうお考えですか？　そして、わたしがそのような否定の香りや姿、味わいを感じたなら、どうすれば、それを生徒たちに伝える助けができるでしょう？　生徒はふんだんに既知を――数学、地理、歴史を――有しているに違いありませんが、それでも豊かに平然と、既知から自由になるのです。

教師：すべての感覚には残留物がありますね。さまざまな種類の葛藤その他の精神活動に導く邪魔ものです。すべての宗教の伝統的なアプローチは、この感覚を、規律と否定によって拒むことです。だが、あなたがおっしゃるところでは、これらの感覚に対する高度な感受性があり、だから、あなたは歪みも残留物もなしに感覚を見ていらっしゃる。

クリシュナムルティ：そこが肝心なのです。感受性と感覚とは別の二つのものです。思考や感覚、感情の奴隷である精神は、残留物を留めている精神です。それは残留物を楽しみ、快楽の世界について考えることを楽しみ、その一つ一つの思考が印《しるし》を、つまり残留物を残します。あなたがある快楽に関して考えると、その思考の一つ一つが印を残し、それが感受性を損ないます。それは明らかに精神を鈍くしますし、規律、コントロール、抑圧は、さらに精神を鈍くします。わたしは、感受性は感覚ではなく、感受性とは何の印も何の残留物もないことを意味する、と言っているのです。そこで、問題になるのは何でしょう？

教師：あなたがおっしゃる否定は、感覚の制限という否定とは違うのですか？

クリシュナムルティ：あなたはこれらの花をどうご覧になりますか？　その美しさを見、それらに対して完全な感受性を有していて、それゆえにそこには何の残留物も記憶もなく、したがって一時間後にまた見るときには新しい花を見る、というように見ますか？ あなたが感覚として見るなら、そしてその感覚が花に、快楽に結びついているなら、それは不可能です。伝統的な方法は喜ばしいものを締め出すことです。そのような結びつきが別のかたちの快楽を目覚めさせるからで、そこで、あなたは見ないように自分を律します。結びつきをメスで切断するのは子供じみています。それでは精神は、目は、どうすれば、とてつもない色彩を見ても、何の印も残さないでいられるでしょうか？

わたしは方法をお尋ねしているのではありません。そのような状態はどのように生じるでしょう？ そうでなければ、わたしたちは鋭敏ではいられません。感受性は写真の感光板のようなもので、印象を受け取り、自己を更新します。それは露光しますが、次の印象のためにネガティブになります。そうやって、常にすべての快楽について自らを浄めているのです。それは可能でしょうか？ それとも、わたしたちは事実を取り上げているのではなく、言葉遊びをしているのでしょうか？

わたしが明確に見ている事実は、どんなものであれ、残留物のある感受性や感覚は精神を鈍らせる、ということです。わたしはその事実を否定しますが、しかし、そんなふうに経験が何の印も残さず、それでいて、とてつもない強度で余すところなく花を見る、という、途方もない感受性が何であるかは知りません。わたしは、あらゆる感覚、あらゆる感情、あらゆる思考は印を残し、精神をかたちづくり、そして、そのような印は新しい精神をもたらしはしないだろう、という、否定できない事実を見ます。わたしは、印つきの精神でいるのは死だ、と見ます。そこで、わたしは死を否定します。ですが、他なるもの（the other）は知らない。わたしは、良い精神は経験の残留物のない感受性を有している、ということも見ます。良い精神は経験はしますが、その経験は、さらなる経験、さらなる結論、さらなる死を引き出すことになる、そのような印を何も残しません。

わたしは、その当のものを否定するが（the one I deny）、他なるものは知らない（the other I do not know）。この既知の否定から未知への移行は、どのように起こるのでしょう？

ひとは、どのように否定するのでしょう？　非常に劇的な出来事においてではなく、些細な出来事において、ひとは既知を否定しますか？　髭を剃っていてスイスでの楽しいひとときを思い出すとき、わたしは否定するでしょうか？　楽しかったときの思い出を、ひとは否定しますか？　それに気づいて、そして否定しますか？　それは劇的でもないし、目覚ましいものでもなく、誰もそれについて知りません。それでも、些細なことについての、この絶え間ない否定が、一度だけの大掃除ではなく、小さな払拭が、その小さな掃除が本質的で不可欠なのです。一日の一瞬一瞬に生じる快や不快の想起としての思考を否定すること、それが本質的で不可欠なのです。それはどんな動機があってするのでも、未知のとてつもない状態に入るためにするのでもありません。あなたはリシ・ヴァレーで暮らして、ボンベイやローマのことを考える。それが葛藤を生み出し、精神を鈍くし、ものごとを分断します。それを見ることができますか？　一掃することができますか？　未知に入りたいからではなく、一掃し続けることができますか？　未知とは何かを、あなたは決して知ることができない。なぜなら、それが未知だと認識した瞬間に、あなたは既知に戻っているからです。

認識のプロセスは、継続する既知のプロセスです。未知が何かを知らないからには、わたしにできることはたった一つ、起こるたびに思考を一掃し続けることです。

あなたはあの花を見て感じ、その美しさを、強さを、とてつもない輝きを見ます。それから暮らしている部屋に入るが、そこはきれいにしつらえられてはおらず、醜い。あなたはその部屋で暮らしているが、しかし、ある種の美的感覚をもっていて、あの花について考え始め、思考が生じるとともに、それを一掃します。さて、あなたはどんな深みから一掃し、どんな深みから花を、妻を、神々を、経済的な暮らしを否定しますか？　あなたは妻と、子供たちと、怪物的な醜い社会と暮らさなければなりません。人生から身を引くことはできないのです。だが、思考、悲しみ、快楽を全的に否定するとき、あなたの関係性は変わります。ですから、好きなものをとっておいて好きでないものを否定する部分的な否定ではない、全的な否定が必要なのです。

さて、あなたは理解なさったことを、どのように生徒に伝えますか？

教師：あなたは以前、教育と学びの場においては、その状況として一つの厳しさがあり、「わたしがあなたに何かを教える」とは言わないのだ、とおっしゃいました。そこで、いまおっしゃった思考の印の絶え間ない払拭ですが――それは教育と学びにおける厳しさと関係がありますか？

クリシュナムルティ：もちろんです。おわかりでしょうか。わたしは教えと学びは同じだと思っています。ここで何が起こっているのでしょう？　わたしはあなたに教えているのではありません――わたしはあなたの教師ではないし、権威でもありません。ただ探究し、自分の探究をあなたに伝えているのです。あなたはそれを受け取ってもいいし、ほうっておいてもいい。生徒の場合でも、立場は同じです。

教師：それでは、教師は何をするのでしょう？

クリシュナムルティ：それは、あなたが絶え間なく否定し続けているときにだけ発見できます。それを試みたことがありますか？　それは、昼間は一瞬たりとも眠れない、というようなものです。

教師：それにはエネルギーがいるだけでなく、大量のエネルギーの放出も必要です。

クリシュナムルティ：しかし、あなたはまず、否定するエネルギーをもたなければならないのですよ。

Krishnamurti on Education（邦訳『英知の教育』春秋社）

5. 悟り

質問者：いわゆる宗教的なひとたち全部に共通したことがあり、あなたの講話を聴きに来るひとの大半にも同じものを感じます。みんな、涅槃《ニルヴァーナ》とか解放、悟り、自己実現、永遠性あるいは神など、さまざまな名前で呼ぶものを探しています。その目標はさまざまな教えのなかで定義され保持され、それぞれの教えとシステムには、聖なる書物、規律、教師、倫理、哲学、約束と脅しがあります――世界の残りを排除して、目的地として天国などを約束する、まっすぐで狭い道です。そのような求めるひとたちのほとんどは、一つのシステムから別のシステムへと渡り歩き、直前に捨てた教えを最新の教えと取り換えます。このような求める行為のすべてにおいて同じプロセスが続くことを考えもせず、一つのお祭り騒ぎから別の騒ぎへと移動します。なかには、一つのシステムに仲間と留まり、移動を拒否するひとたちもいます。それから、成就したいと望むものが何であれ、ついに成就したと信じて、それからは、ある種の隔絶した至福のなかで日々を過ごしながら、今度は自分が信徒のグループを引き寄せて、そのひとたちがまた同じサイクルを繰り返すこともあります。そんなすべてには何かを成就したいという強迫的な欲望があり、たいていは失敗の苦い失望と欲求不満が伴います。このようなことはみな、とても不健全に思われるのです。このひとたちは想像上の目標のために普通の暮らしを犠牲にしていて、そのような界隈からは、とても不快な感じが発散しています。狂信、ヒステリー、暴力、愚かさです。なかには、他の面ではきわめてまともに見える優れた執筆者がいて、驚かされたりします。そのすべてが宗教と呼ばれています。その全体がひどい悪臭を漂わせています。信心臭いとはこのことです。わたしはこれを、あらゆるところで見てきました。この悟りの探究は大混乱を引き起こし、そのなかで人々が犠牲になります。そこで、お尋ねしたいのですが、実際に悟り（enlightenment）というようなものが存在するのでしょうか？　そして、存在するのであれば、それは何なのでしょう？

クリシュナムルティ：もし、それが日常の暮らしからの――関係性のとてつもない運動としての日常の暮らしからの――逃避なら、いわゆる成就とか悟り、名前は何でもいいのですが、それは幻想で偽善です。愛や生、および行動の理解を否定するものは、何であれ、多大な被害をもたらすことになりますし、精神を歪めて、人生は恐ろしいものになります。そこで、そのことは自明としたうえで、悟り――それが何を意味するにしても――が、生の行動そのもののなかで発見できるかどうかを見出すことにしてはいかがでしょうか。結局のところ、どんな観念、理想、目標、原則よりも、生のほうがはるかに重要なのです。わたしたちは生とは何かを知らないから、そのような空想上の非現実的な概念を逃げ道として発明するのです。ほんとうの質問とは、ひとは生のなかで、日常の人生の活動のなかで、悟りを発見できるのか、それとも、それは、その至福を発見するとてつもない能力に恵まれた少数者のものでしかないのか、ということです。悟りとは自らにとっての光であることを意味しますが、その光は自己投影されたものでも想像されたものでもなく、個人的な特質でもありません。結局、それが常に真の宗教の教えだったのです。組織化された信念や恐怖の場合は違いますが。

質問者：あなたは、真の宗教の教え、とおっしゃいました！　それは即座に「専門家とスペシャリストの集団」対「残る世界」という構図を生み出します。その宗教は人生から切り離されている、ということですか？

クリシュナムルティ：宗教は人生から切り離されてはいません。それどころか、人生そのものです。宗教と人生の分断が、あなたがおっしゃったあらゆる悲惨さを生み出してきたのです。そこで、とりあえず悟りと呼ばせていただきますが、その悟りの状態で、日々の生を生きることは可能か、という基本的な問題に立ち返ります。

質問者：あなたが悟りとおっしゃるのはどういう意味か、やはりわかりません。

クリシュナムルティ：否定の状態です。否定が最も肯定的な行動なのであり、肯定的な主張ではありません。そこを理解することがとても重要です。わたしたちのほとんどは、簡単に肯定的な教義や信条を受け入れますが、それは安全でありたい、何かに属したい、何かに執着していたい、何かに依存したいからです。肯定的な姿勢は分断を引き起こし、二元性をもたらします。そこで、この姿勢とほかの姿勢とのあいだに葛藤が起こります。ですが、あらゆる価値観、あらゆる倫理、あらゆる信念の否定には辺境はなく、何かと対立することもあり得ません。肯定的な言明はその定義からして分離をもたらします。分離は抵抗です。わたしたちはそれに慣らされている。それがわたしたちの条件づけです。そのすべてを否定することは非倫理的ではありません。逆に、あらゆる分断と抵抗を否定することが最高の倫理です。人間が発明してきたすべてを否定し、あらゆる価値観、道徳、神々を否定することは二元性のない精神の状態にあることです。したがって、対立物どうしの抵抗や葛藤はまったくありません。この状態のなかに対立物は存在せず、この状態は何かの対立物でもありません。

質問者：それではどうやって善と悪を知るのですか？　あるいは、善も悪もないのですか？　わたしが犯罪や殺人を犯すのを防ぐのは、何なのでしょう？　何の基準もないとしたら、どんな異常なことをしでかすかもしれないのに、それを防ぐのは何なのですか？

クリシュナムルティ：それらすべてを否定するとは、自分自身を否定することです。そして、自分自身とは、条件づけられた善を常に追求する条件づけられた存在です。わたしたちのほとんどは否定を真空と感じますが、それは条件づけられた恐怖と悲惨という牢獄のなかの活動しか知らないからです。そこから否定を見つめて、忘我あるいは空虚といった恐ろしい何かの状態を想像するのです。社会、宗教、文化、倫理のすべての主張を否定したひとにとっては、依然として社会的同調という牢獄のなかにいる人間は悲しみのひとです。否定とは悟りの状態で、過去から自由になったひとのあらゆる活動において機能します。否定されるべきは伝統と権威を伴う過去です。否定は自由であり、生きて、愛して、死とは何かを知るのは自由なひとなのです。

質問者：それで、だいぶわかってきました。だが、あなたは超越的なこと、聖なること、あるいは何と言ってもいいのですが、そうしたことには触れられませんでした。

クリシュナムルティ：そのようなことは自由のなかでのみ見出せます。それについての言明は何であれ、自由の否定です。それについての言明は何であっても、無意味な言語的コミュニケーションになります。それは存在しますが、見つけられるものでも、招きよせられるものでもなく、ましてや、どんなシステムに閉じ込められるものでもなく、精神のどんな賢しいトリックによってもつかまりません。それは教会にも寺院にもモスクにもありません。そこに至る道も、その美しさを明かすことができるグルもシステムもないのです。その恍惚たる至福は、愛があるときにだけやってきます。それが悟りです。

質問者：それは、宇宙の性質について、あるいは意識、存在についての新しい理解をもたらしてくれますか？

クリシュナムルティ：それは、こちら岸で苦しみながら暮らしていて、向こう岸について尋ねるようなものです。あなたが向こう岸にいるなら、あなたはすべてであり、無であって、そんな質問は決してしませんん。そのような質問のすべてはこちら岸のものであって、何の意味もありません。生きることを始めるなら、あなたは求めなくても、探さなくても、恐怖なしにそこに至るでしょう。

Conversations（未邦訳）

訳者あとがき

本書は *Krishnamurti for Beginners An Anthology* (Krishnamurti Foundation India Publications) の全訳です。タイトルが示唆するように、本書の性格は「クリシュナムルティを知らないビギナーズを対象とし、その教えを一冊に凝縮したアンソロジー」となるでしょうか。本書のような「教え全体の要約」を目的とした編集作品には、訳者自身が手掛けた『境界を超える英知』(コスモス・ライブラリー)もあれば、名著として定評ある『最初で最後の自由』(ナチュラルスピリット)もあり、ほかにも『生と出会う』(コスモス・ライブラリー)が好著として思い浮かびます。

類書が複数あるなかで、本書の独自性はと言えば、まず第一に、ジャンルの豊富さが挙げられるでしょう。本書を構成する「Ⅰ講話　Ⅱ質疑応答　Ⅲ著作　Ⅳ日記、口述筆記、書簡　Ⅴ対話と討論」は、クリシュナムルティの表現形態をほぼ網羅しているからです。序言に「本書のようなアンソロジーはどんなものであれ、クリシュナムルティが六十年余にわたって世界に伝えてきた教えの深さと広がりをとらえきれるものではない」とあるように、一冊の本にクリシュナムルティの教えを凝縮すること自体が無理な話なのですが、そうは言うものの、クリシュナムルティをまったく知らない読者を対象とするアンソロジーとして、本書の構成は最善のものであり、選別された各テキストもその配置に細心の注意が払われていて、何の違和感もなく教えの全体像を再構成するものとなっています。

本書を手にされたあなたが、クリシュナムルティの教えにまったく触れたことがなかったなら、本書の読み手として最高の資格を有していることになります。読了後のいま、遠くの山並みを展望するかのように、教えの全体像を眺め見ているはずです。たとえ、クリシュナムルティになじみある方でも、教えの再確認という点で一読の価値はまちがいなくあるでしょうし、はじめて見るように身読すれば、なおのこと、自らの学びに役立つはずです。さらには、親しい友人や知人に本書を示すことで、クリシュナムルティの教えを（そのエッセンスを）紹介し推奨できるでしょう。「これが二〇世紀の覚者の教えです」と。

さらに第二の特徴として、本書の編集をインドの財団が手掛けたこともあってか、インド関連のテキストが多く見られるところを挙げたく思います。聴衆がインド人ならではの話しぶりが随所に見られ、その過激な発言には、正直、驚かされます。インド人の神経を逆なでするようなことを平気で口にしているのは読んだとおりで、宗教好きのインド人に公開の場であれだけのことを言って、よく無事でいられたと感心するばかりです。これを、欧米での講話、たとえば『英知へのターニングポイント』（彩雲出版）や『静かな精神の祝福』（コスモス・ライブラリー）などと比較してみると面白いかもしれません。ちなみに、インドでの講話集として『知恵のめざめ』（ＵＮＩＯ）があります。いずれの講話も厳しさの点で変わりはないのですが、その土地その土地で話しぶりに違いがあるのは、世界教師の面目躍如といったところでしょうか。

そのようなわけで、本書は入門書とはいえ、わかりやすく書かれたものではなく、わかりやすいテキストだけをセレクトしたものでもありません。あくまでも、ジャンル別に編集しただけのことであり、文章自体はクリシュナムルティの通常の言葉そのままとなっています（アンソロジーなのだから、そういうことになります）。本書を読み解く作業は、オールスター選抜チーム相手の真剣勝負みたいなもので、はじめてクリシュナムルティに接する方々には、それなりの「！」と「？」が飛び交ったものと思われます。たとえば、観察者と観察されるものについての話などは、難解の極致だったはずです。わかりやすい入門書を期待して購入される方々を想定して、わかりやすい訳文を提供したつもりですが、原意を損ねるわけにもいかず、そのような方々の期待には沿えなかったかもしれません（訳者の力不足による誤訳もあるでしょうし）。

たとえ、そうであっても、本書を手にされた方々が、真実の教えのもつ厳しさとハードルの高さを実感しながら、有意義な読書時間を過ごしていただけたものと確信しています。それもそのはず、何と言っても、クリシュナムルティの言葉なのですから。真理の力には有無を言わせないものがあります。新しく門をたたかれた方が本書をきっかけに、クリシュナムルティのさらなる言葉に触れていただくことになれば、訳者としてこれ以上の幸せはなく、いまはただ、そうなることを祈るばかりです。遠くの山並みを眺め見るだけで満足せず、頂きの一つひとつに歩を進める、そのときこそは、本格的な真理の探究が始まるからです。

ここで、さきほど「難解の極致」と形容した観察者と観察されるものについて、蛇足気味に解説を加えたく思います。これは、本書の肝とも言えるテーマであり、かつまたクリシュナムルティの教えの核心でもあるので、ざっとであれ振り返っておくのが入門者のためとなり、本書を手にされた皆様の学びの糧となると判断したからです。もっとも、「解説」というよりは、テキストに若干のコメントを付した「覚え書き」程度のものでしかなく、そこのところは、ご了解いただきたく思います。

―・―

観察者と観察されるもののあいだに何の評価も衝立《ついたて》もなかったら、両者のあいだに分離や分断があるでしょうか? 観察者は観察されるものではありませんか?（二五六ページ）

ほんの一秒でも一分でも完全に注意を向けるなら、その瞬間的な全的注意が、みなさんが恐れているものを一掃してしまうことがおわかりになるでしょう。その注意のなかには観察者も観察されるものもありません。そのとき、観察者は観察されるものです（The observer then is the observed）。ただし、このことを理解し、そこに分け入るには、時間と空間の問題全体を探究する必要があります。（四五ページ）

ということで、時間と空間の問題について、さらなる探究が始まる。クリシュナムルティは言う。「観察者は観察されるものです」と。ここで留意すべき点は、両者の不二一体性である。つまり、別個に存在する二つのものが一つになるのではなく、両者はもとから一体だったのであり、いまも一体であり、これからも一体でありつづける、という理解。未来（時間の経過）を前提する「となる」ではなく、現在の事実を言い示す「である（is）」が使用されているところは見逃せない。繰り返すと、「そのとき」はじめて、一つになるのではない。いま、まさに、一つであるのに、わたしたち迷いの者はこれを二つに見てしまう（現に見ているのではないだろうか）。この、主体と客体の分断状態を言い表わしたのが「衝立」だが、これについて、クリシュナムルティは「イメージ・中心・スペース」という言葉で詳述し、その迷いのあり方を明示する。

イメージがないときだけ、完全に見ることができます。イメージは観察者で、みなさんがそこから観察する中心です。そこから観察する中心があるときには、観察者と観察されるもののあいだにはスペースがあります。（八〇ページ）

みなさんは愛とは何か、ご存じですか？　観察者と観察されるもののあいだにスペースがあるとき、愛はありません。スペースとは何か、みなさんはご存じですか？　みなさんとあの木のあいだ、みなさんとみなさんがこうあるべきだと考えていることのあいだのスペースです。中心あるいは観察者がいるとき、スペースが存在します。（一〇一ページ）

分断は、スペースの存在を前提している。スペースあっての分断とも言えるのだが、そうすると、観察者が観察されるものであるあり方は、スペース（＝空間）が存在しないあり方と考えるしかない。これは、

「そう思い込め」と言っているのではなく、事実としてそうであることを意味している。迷いの者であるわたしたちが自明のものとして前提する「観察者と観察されるものの分離・分断（主体と客体の二元性）」は、実のところ、イメージの虚構でしかない、と。

木を見つめるとき、みなさんは思考がその木について創り出したイメージを見ています。（五六ページ）

あの木を見るとき、みなさんは自分自身と木についてのイメージをもっています。そのイメージが見ている中心であり、したがって、スペースが存在するのです。（一〇二ページ）

妻の、夫の、木の、何かのイメージがあるかぎり、それは、中心であるイメージ、見ている中心としてのイメージです。ですから、観察者と観察されるもののあいだには分離があります。（八〇ページ）

観察されるものがイメージであるのは理解できなくもないが、クリシュナムルティの指摘によると、観察者もまたイメージであると言う。両者がイメージであるからこそ、両者のあいだにはスペースがある、と。つまり、わたしたちが「ここにこうして存在する」と思い認めている自己こそが、まさにイメージにほかならないことになる。そうすると、当然のことながら、スペースもまた、イメージということになる。中心としての観察者が作り出した虚構であり、愛のない迷いのあり方である、と。

みなさんと隣人とのあいだ、奥さんとのあいだ、ご主人とのあいだ、あるいは誰かとのあいだにスペースがあるかぎり、そのスペースは、スペースを創り出している中心があることを意味しています。（一〇一〜一〇二ページ）

みなさんは一本の木を見つめるとき、向かい合う人の顔を見つめるとき、決して観察したことがない。その顔を見つめるとき、みなさんは中心から見つめているのです。その中心はみなさんと相手のひとのあいだにスペースを創り出します。（一〇三ページ）

なぜなら、中心こそが、自身の周囲にスペースを創り出しているからです。そして、そのスペースがあるかぎり、愛もなく美もありません。（一〇三ページ）

ここに言及されていることが事実であるかどうかは、わたしたちの一人ひとりが自ら観察して確認するしかない。いまここのあり方として、実際の事実であり、想定でも空想でもない、あるがままの現実であるなら、たしかに、クリシュナムルティの言うように、わたしたちは迷いのままに生きているのであり、愛のない存在なのだろう。しかしながら、この事実を認めるとき、愛の可能性が見えてくるのもまた、事実。

さっきも言いましたように、スペースが存在しないときに愛があります——つまり、観察者が自分と木のあいだに創り出すスペースがいっさい存在しないときです。（一〇二ページ）

思考の妨害なしに木を見てください。それは、観察者と観察されるもののあいだに何のスペースもないことを意味します。そのように全的な完全な注意を向けるとき、観察者はまったく存在しません。(四三ページ)

思考がないとき、観察者はいません。その状態は、ぽかんとした空白状態ではありません。(四三ページ)

思考のイメージなしに観察するのは、過去が終わっている活動です。思考なしに木を観察するのは、過去のない活動です。過去の活動を観察することもまた、過去のない活動です。(二九八ページ)

思考の妨害(イメージ)なしに木を見るとき、スペースは存在せず、観察者が観察されるものであるあり方が現成する。それは、「ぽかんとした空白状態(恍惚状態)」ではなく、いまここのあるがままに全的な注意を向けているとき、「過去のない活動」としてある。観察者が存在せず、活動が活動として活動のままに活動しているあり方。「過去の活動を観察することもまた、過去のない活動です」とは、迷いの状態にあるときは意識化されない「過去の活動」を意識化することであり、現在進行中の「過去の活動」を「過去の活動」として認知することでもある。ようするに、過去と過去として、思考を思考として、事実のとおり、あるがままに知り見ているあり方を言う。過去のことを考えているとき、通常であれば、現在のあり方は意識化されないが、思考の妨害なしに観察するときは、「過去のことを考えている」という、現在の事実もまた意識化される。クリシュナムルティは、ここに言う「過去が終わっている活動」について、別のところでは「無垢」という言葉で説き示す。

わたしたちが言う、無垢とともに木を見つめるとはどんなことかは、もう説明しました――それは、イメージなしに見つめることです。(五九ページ)

わたしはあの葉群ごしに光る月を、あのカラスの鳴き声を、はじめて見聞きするように、既知のすべてから完璧な無垢の状態で見たり聞いたりできるでしょうか？　それは、昨日としての既知のすべてに対して死ぬことです。(六二ページ)

わたしたちは、無垢の領域が、思考がまったく触れない無垢があるかどうかを発見しようとしています。あの木をはじめて見るように見つめることができるだろうか――混乱や悲惨、悲しみ、ごまかし、残忍さ、不誠実さ、残酷さ、戦争などをひっくるめたこの世界を、この世界の光景をあるがままに、はじめて見るように見つめることができるだろうか――これは重要なことです。(五七ページ)

実行してください。そうすれば、みなさんご自身で、昨日に対して死ぬことのなかに無垢が生まれることを発見なさるでしょう。そのとき、その無垢から、まったく違った行動が生じます。(六四ページ)

はじめて見るように見つめるのが無垢であるなら、それは、いまここのあるがままの事実に注意深く全的であることの言い換えでもあるはず。既知のすべてに死ぬ自己のあり方、いまここの迷いのあり方に直面するあり方。その無垢から、まったく違った新しいあり方が行為する。そう、クリシュナムルティは言う。どこかに無垢があるのではなく、はじめて見るように見つめる行為が、それ自体が、無垢にほかならない。「混乱や悲惨、悲しみ、ごまかし、残忍さ、不誠実さ、残酷さ、戦争などをひっくるめたこの世界」を、既知の介入なく、あるがままの事実として見つめるのが、クリシュナムルティの言う無垢である。これはまた、いまここの事実に気づいている自己のあり方でもある。

相手を見るときは、彼についてもっているイメージを、あるいは彼がわたしたちについてもっているイメージを見ている。それが実際の事実です。（五五ページ）

あなたはただ相手について自分が創り上げた意見を見ているにすぎない、ということに、実際に気づかなければなりません。（五五ページ）

みなさんが、自分が何をしているかに、何を考えているかに、どのように見ているか、どのように歩いているか、どのように食べているか、何を話しているかにただ気づいていれば、その気づきから、快楽、欲望、悲しみ、そして人間のまったくの孤独と退屈さの性質が見えてくるのです。そして、その「スペース」と呼ばれるものにも出会い始めるでしょう。自分と対象物とのあいだにスペースがあるところには愛はない、と知るでしょう。（一〇四〜一〇五ページ）

事実をほんとうに見るなら、欲望が苦痛をもたらすことをただ見るなら、そのときは、見ることそのものがあり、欲望は沈黙します。無選択に、純粋に、シンプルに、「精神とは騒がしく、精神は常に動いており、常に苦闘している」と気づいているなら、気づきそのものが、その騒がしさの終息を無選択

にもたらします。（一七〇ページ）

観察者も観察されるものも、どちらも常に変化しているのです。「あるがまま」とは変化です。それが事実です。それが「あるがまま」です。（二八五ページ）

いまここの事実に気づいているとき、スペースは存在しない。スペースも、イメージも、中心も、それらが存在するには、動きのない静止状態とその継続を必要とするからだ。しかしながら、「観察者も観察されるものも、どちらも常に変化している」事実に気づいているなら、そのときは、無活動の活動とでも言えるあり方がそこにあり、愛がある。それはまた、欲望が沈黙する動中静のあり方でもある。日々の生活における不断の気づきがスペースの虚構を明るみに出し、観察者が観察されるものであるあり方の、その真理の、端的な自覚が成就する。

沈黙している観察と受動的な気づきが理解には不可欠だとおわかりなら、そのときは、あなたが知覚するその真理が、あなたを背景から解放してくれます。受動的でいながら鋭敏でいる気づきの直接的な必要性がわからないときにだけ、「どうすれば」という、背景を解体する手段を求めたくなるのです。解放してくれるのは手段やシステムではなく、真理です。沈黙している観察だけが理解をもたらす、という真理を見なければなりません。あなたが非難や正当化から自由になるのは、そのときだけです。（一九八ページ）

受動的に、何の選択もなしに抑圧の全プロセスに気づいていることで、その真理は即座に見えます。昨日とか明日という観点から考えていたのでは、抑圧の真理は発見できません。真理は時間の経過を通じて把握されるものではありません。獲得されるべき事柄でもありません。見るか見ないかであって、徐々に知覚できるものではないのです。（二〇二ページ）

気づきは無選択でなければならないのです。そのように気づいているためには、広範な忍耐と感受性が求められます。思考の全プロセスが観察され、理解されるためには、熱意と持続的な注意が必要なのです。（二〇六ページ）

それ自身の活動への気づきを通じて、精神は驚くほど静かに、穏やかに、創造的になります――どんな規律もどんな強制もなしに、です。そして、その精神の静かさのなかで、真なるものは招かれなくても現われます。真理を招くことはできません。それは未知です。その沈黙のなかに、経験者はいません。（一九二ページ）

ここに言う真理を「観察者は観察されるものである」に置き換えたとして、問題なく読めるし、より深い読解も可能となる。分離・分断状態にある観察者と観察されるものが存在せず、両者のあいだのスペースも存在しない、言ってみれば、見る行為だけが現に行為しているあり方。経験者が存在しない、その沈黙のあり方は、「見るか見ないかであって、徐々に知覚できるものではない」と言う。ではどうするのか、と問えば、この逆説的な沈黙のあり方は否定的な理解によってもたらされる、というのが、クリシュナムルティの答えとなる。

無秩序とは何かという理解そのもののなかに、秩序をもたらす自由が現われ、そこには規律があるのです。つまり、否定的な理解とは、肯定的な行動をもたらすことなのです。（五三ページ）
新しい秩序、新しい生き方をもたらすには、無秩序を理解しなければならないのです。否定を通じてのみ、みなさんは肯定を理解できます。肯定を追求することによって、ではありません。（七三ページ）
否定から正しい規律が生ずるのであり、それが秩序です。ですから、自分自身を理解することが智慧の始まりです。智慧とは、書物にあるのでも、経験にあるのでも、他者への追随やおびただしいつまらないこととの繰り返しにあるのでもありません。智慧は、自らを理解している精神に、思考がどのように生まれるのかを理解している精神に現われます。（七四ページ）

肯定的なものを積み上げて良い方向に向かう、と考えるのが迷いのあり方であるなら、クリシュナムルティは言う。そうではなく、いまここの事実である無秩序の理解から智慧が現われる、と。迷いの者にとっては、このアプローチそのものが盲点になっていて、これを実行する以前に、既知のアプローチに頼ってしまう。旧態依然のやり方を踏襲しているかぎり、新しい秩序をもたらすことはできない。これまでとまったく違ったやり方をしてはじめて、新しい結果が生まれる。いまここの事実の全的な理解が智慧の始まりであり、既知を介さない否定的なアプローチであってはじめて、秩序をもたらす自由が現成し行為する。たしかに、このアプローチは次元を超えるあり方とも言えるので、日々の日常においてこれを意識化するのは並大抵のことではない。たとえ、知的に理解したところで、実行しないのであれば、絵に描いた餅で終わるしかない。

だが、動機がない否定があるのです。わたしが否定し、将来に何が待っているかを知らないとき、それは真の否定です。（三〇三ページ）

あなたは過去をそんなふうに否定できますか？――将来に何があるかを知らずに、否定するのです。（三〇三ページ）

わたしは、その当のものを否定するが、他なるものは知らない。この既知の否定から未知への移行は、どのように起こるのでしょう？（三〇七ページ）

否定とは悟りの状態で、過去から自由になったひとのあらゆる活動において機能します。否定されるべきは伝統と権威を伴う過去です。否定は自由であり、生きて、愛して、死とは何かを知るのは自由なひとなのです。（三一五ページ）

ここに至るまでクリシュナムルティは、普通の言葉では言い表わせないことを何とかして伝えようと言葉に言葉を重ねてきたが、ついに「悟り」という言葉を使うまでに話は煮詰まり、行き着くところに行き着いた感がある。「他なるもの」も、「未知」も、「自由」も、そして「悟りの状態」も、観察者が観察されるものであるあり方を言い換えたものであることがわかる。「既知の否定」とは、イメージと中心が存在しないあり方にほかならないからだ。それはまた、スペースが存在しないあり方でもある。念のために再確認しておくと、これは、実体的に分離・分断している「観察者」と「観察されるもの」を合体して作り出すあり方ではない。もともと一つであるあり方、クリシュナムルティの言葉では「その当のものを否定するが、他なるものは知らない」あり方であり、だからこそ否定的なアプローチをとるしかなく、それも、単純否定（逃避や拒絶）ではなく、否定的な理解によるアプローチであるところが見逃せず、それはまた、瞬間瞬間のいまここに注意深く全的に気づいているあり方でもある。既知を否定し、未知と向き合うときは、否応なしに注意深くあるしかない。知らない土地に赴き、はじめて見る人間と言葉を交わすとき、最大限の気づきを保ちながら、いまここに全的にあるように。

みなさんは、完全に注意を向けているとき、完全に何かに注意を注いでいるとき、そんなときには観察者はなく、したがって思考する者もなく、自分がそこから観察している中心もない、ということに気づかれたことがおありですか？（四二～四三ページ）

それは劇的でもないし、目覚ましいものでもなく、誰もそれについて知りません。それでも、些細なことについての、この絶え間ない否定が、一度だけの大掃除ではなく、小さな払拭が、その小さな掃除が本質的で不可欠なのです。（三〇七ページ）

未知が何かを知らないからには、わたしにできることはたった一つ、起こるたびに思考を一掃し続け

ることです。（三〇七～三〇八ページ）

大切なのは、自分自身に気づいていて、その気づきを蓄積なしに維持することです。なぜなら、蓄積した瞬間に、みなさんはその中心から判断するからです。自己知は蓄積のプロセスではありません。それは、関係性における瞬間瞬間の発見のプロセスです。（一八七ページ）

気づきがなければ、真理とは何かを見ることはできません。ですが、気づいていれば――何やら神秘的な性質の気づきではありませんよ――みなさんが、自分が何をしているかに、何を考えているかに、どのように見ているか、どのように歩いているか、どのように食べているか、何を話しているかにただ気づいていれば、その気づきから、快楽、欲望、悲しみ、そして人間のまったくの孤独と退屈さの性質が見えてくるのです。そして、その「スペース」と呼ばれるものにも出会い始めるでしょう。自分と対象物とのあいだにスペースがあるところには愛はない、と知るでしょう。（一〇四～一〇五ページ）

小さな払拭、関係性における瞬間瞬間の発見のプロセスが気づきであるなら、その気づいているあり方は、決して劇的なものではなく、地道な努力の積み重ねであるしかない。それも、蓄積ならぬ積み重ねであり、意図的な努力ならぬ努力であるしかない。思考の呪縛から解放され、イメージ作りがストップするのは、過去の条件づけが解消するあり方でもあり、クリシュナムルティが言う「愛」であるなら、それは、全身全霊挙げての取り組みあってこそのあり方であるはず。知的な理解だけで問題が解決するはずもなく、自己のあり方に常に気づいている時々刻々の精進が要請される。頂上を夢想して満足するのではなく、いまここの一歩一歩が未知なる無垢に導き、愛が愛として行為する。それはまた、全的な自己放棄のあり方でもある。

愛がなければ、あるのは悲しみだけです。これは、繰り返すべきただの警句ではありません。みなさんはそれを発見し、それと出会わなければならないのです。そのためには、懸命になって励まなければなりません。自分自身を理解し、絶え間なく情熱的に励まなくてはならないのです。情熱は欲望ではありません。情熱が何なのかを知らないひとは、決して愛を知ることはないでしょう。愛が生まれるのは、全的な自己放棄があるときだけです。（八三～八四ページ）

自己放棄を通じてのみ現われる無垢があるとき、そこには愛があります。愛と無垢がなければ、どんな生もありません。あるのは拷問だけ、あるのは惨めさだけ、あるのは葛藤だけです。そして、無垢と愛があるとき、みなさんはまったく違った次元があることを知るでしょうし、それについては、誰もみなさんに語ることはできません。（六五ページ）

時間と空間の問題についての探究はこれで終了となるが、うえに言う「まったく違った次元」が既知の時間と空間の終焉であることは論を待たない。これまでの探究を通じて、まったく違った次元があることを、少なくとも知的には知ったであろうし、あるいは、まさに、いまここに、行為しているのではないだろうか。現在進行形で、それこそは全的に。

以上、「屋上屋を架す」の批判を覚悟で、観察者と観察されるものについて、駄弁を加えさせていただきました。訳者の駄弁はともかく、クリシュナムルティの言葉は、再掲するだけの価値はあったはずです（アンソロジーのアンソロジーとして）。皆様の学びを確たるものとする「ダメ押し」となったのではないでしょうか。

—・—

なお、翻訳に関しては、吉田が全体の下訳を担当し、正田が原文と照合しつつ修正を加えたことを付記しておきます。クリシュナムルティの翻訳は、至福の時間でもあれば、またとない探究の時間でもあり、このような機会を与えてくださったコスモス・ライブラリー社の大野純一氏に、この場を借りて謝意を表したく思います。さらには、共訳者の吉田さんはじめ、関係者の皆様にも。ちなみに、今回の作業で個人的にうれしかったのは、「星の教団の解散演説」を原文で確認できたことでした。クリシュナムルティの教えの原点とも言えるテキストを原文で味わえたのは、望外の喜びと言うしかありません。まさに、訳者冥利に尽きるというものでしょう。

クリシュナムルティが世を去ってから、すでに三十年以上の歳月がすぎました。その文章のみずみずしさと輝きは、いまだに色あせません（とくに、自然描写の文章などは）。それは、まさしく時間を超えた不変の真理を説いているからですが、その当時の時代状況についても的確に言及描写され、そのまなざしの鋭さには敬服するばかりです。なかでも『Ⅳ日記、口述筆記』に収録された「人類の未来とは何か?」は、社会批評として出色のものですし、未来予測としても恐ろしいくらいに当を得ていて、その有する重みには測り知れないものがあります。隔絶した環境に身を置くのではなく、関係性のただなかで、いまある時代と場所に注意深く鋭敏である、真の世界教師ならではの提言と言えるでしょう。死後三十年以上過ぎたいまだからこそ読むべきテキスト。そう言っても過言ではありません。今回の翻訳作業を通じて、真実の教えの今日的必要性をあらためて実感した次第です。新しい生のあり方が待ったなしに求められる、いまのいま、本書を通じて、一人でも多くの方々と思いを同じくし、共鳴の輪が広がることを祈念しつつ、ここに筆を置きます。合掌。

正田　大観

二〇一九年　春彼岸

著者・訳者プロフィール

■著者プロフィール

J・クリシュナムルティ（J. Krishnamurti）

一八九五年、南インドに生まれる。神智学協会において来るべき世界教師としての教育を受け、〈星の教団〉の指導者となるが、一九二一年、「真理はそこへ通じるいかなる道も持たない領域である」として同教団を解散。以降、あらゆる権威や組織によらず、独力で真理を探究することの重要性を説き、さまざまな講話や対話を行いながら世界各地を巡った。その一貫した懐疑の精神と透徹した語りは、幅広い聴衆に深い影響を与えてきた。オルダス・ハクスレーやデヴィッド・ボームを始め、交流を深めた知識人も多い。一九八六年、カリフォルニア州にて逝去。

■共訳者プロフィール

吉田利子（よしだ・としこ）

一九四六年生まれ、埼玉県出身。東京教育大学文学部卒業。訳書に『日はまた昇る』『孫子もタマげる勝利術』（草思社）、『火星の人類学者』（早川書房）、『神の使者』（河出書房新社）、『いちばん大切なこと。』（PHP研究所）、『引き寄せの法則　エイブラハムとの対話』（ソフトバンククリエイティブ）、『ニュー・アース』『神との対話』シリーズ（サンマーク出版）などがある。

正田大観（しょうだ・だいかん）

一九五九年生まれ　東京都北区出身。上智大学法学部卒業。大谷大学大学院仏教科修士課程修了。著述家・翻訳家。共訳書『ブッダとクリシュナムルティ――人間は変われるか？』『境界を超える英知：人間であることの核心――クリシュナムルティ・トーク・セレクション〈1〉』『真の瞑想：自らの内なる光――クリシュナムルティ・トーク・セレクション〈2〉』（コスモス・ライブラリー）、著書『徹底比較ブッダとクリシュナムルティ』（コスモス・ライブラリー）、電子書籍『小部経典』『清浄道論』『ブッダのまなざし』（キンドル版）

はじめてのクリシュナムルティ
入門者のためのアンソロジー

2019年9月20日　　第1刷発行

発行所　　㈲コスモス・ライブラリー
発行者　　大野純一
〒113-0033　東京都文京区本郷 3-23-5　ハイシティ本郷 204
電話：03-3813-8726　Fax：03-5684-8705
郵便振替：00110-1-112214
E-mail：kosmos-aeon@tcn-catv.ne.jp
http://www.kosmos-lby.com/
装幀　　河村　誠
発売所　　㈱星雲社
〒112-0012　東京都文京区水道 1-3-30
電話：03-3868-3275　Fax：03-3868-6588
印刷／製本　　シナノ印刷㈱
ISBN978-4-434-26614-0 C0011
定価はカバー等に表示してあります。

「コスモス・ライブラリー」のめざすもの

古代ギリシャのピュタゴラス学派にとって〈コスモスKosmos〉とは、現代人が思い浮かべるようなたんなる物理的宇宙（cosmos）ではなく、物質から心および神にまで至る存在の全領域が豊かに織り込まれた〈全体〉を意味していた。が、物質還元主義の科学とそれが生み出した技術と対応した産業主義の急速な発達とともに、もっぱら五官に隷属するものだけが重視され、人間のかけがえのない一半を形づくる精神界は悲惨なまでに忘却されようとしている。しかし、自然の無限の浄化力と無尽蔵の資源という、ありえない仮定の上に営まれてきた産業主義は、いま社会主義経済も自由主義経済もともに、当然ながら深刻な環境破壊と精神・心の荒廃というつけを負わされ、それを克服する本当の意味で「持続可能な」社会のビジョンを提示できぬまま、立ちすくんでいるかに見える。

環境問題だけをとっても、真の解決には、科学技術的な取組みだけではなく、それを内面から支える新たな環境倫理の確立が急務であり、それには、環境・自然と人間との深い一体感、環境を破壊することは自分自身を破壊することにほかならないことを、観念ではなく実感として把握しうる精神性、真の宗教性、さらに言えば〈霊性〉が不可欠である。が、そうした深い内面的変容は、これまでごく限られた宗教者、覚者、賢者たちにおいて実現されるにとどまり、また文化や宗教の枠に阻まれて、人類全体の進路を決める大きな潮流をなすには至っていない。

「コスモス・ライブラリー」の創設には、東西・新旧の知恵の書の紹介を通じて、失われた〈コスモス〉の自覚を回復したい、様々な英知の合流した大きな潮流の形成に寄与したいという切実な願いがこめられている。そのような思いの実現は、いうまでもなく心ある読者の幅広い支援なしにはありえない。来るべき世紀に向け、破壊と暗黒ではなく、英知と洞察と深い慈愛に満ちた世界が実現されることを願って、「コスモス・ライブラリー」は読者と共に歩み続けたい。